T0043445

EROS

DON MIGUEL RUIZ
BARBARA EMRYS

Eros

Retorno al amor
incondicional

URANO

Argentina – Chile – Colombia – España
Estados Unidos – México – Perú – Uruguay

Título original: Eros — *A Return to Unconditional Love*
Editor original: Urano Publishing USA, Inc.
8871 SW 129th Terrace Miami FL 33176 USA
Traducción: Núria Martí Pérez

1.ª edición Agosto 2021

Copyright © 2021 by Miguel Angel Ruiz and Barbara Emrys
All Rights Reserved
© 2021 de la traducción *by* Núria Martí Pérez
© 2021 by Ediciones Urano, S.A.U
Plaza de los Reyes Magos, 8, piso 1.º C y D – 28007 Madrid
www.edicionesurano.com

ISBN: 978-84-17694-24-1
E-ISBN: 978-84-18259-59-3
Depósito legal: B-8.577-2021

Fotocomposición: Ediciones Urano, S.A.U.

Impreso por: Rotativas de Estella – Polígono Industrial San Miguel Parcelas E7-E8
31132 Villatuerta (Navarra)

Impreso en España – *Printed in Spain*

Índice

Día de orientación

¡Bienvenidos de nuevo a nuestra serie de cursos de la Escuela de Misterios!

En los próximos días vamos a explorar un tema que nos es muy familiar, pero sigue encerrando muchos misterios y contradicciones. Como ya saben, cuando investigamos cualquier misterio de la vida acabamos entendiendo mejor uno de los más cautivadores: nosotros.

Quizá crean conocerse a fondo. Tal vez se vean como una obra de arte terminada, fija e inalterable, pero existimos para transformarnos y evolucionar. Los seres humanos queremos resolver enigmas por naturaleza. Nacimos con el apetito de conocer la verdad y el deseo de explorar los misterios más profundos de la vida.

¿Y qué es, exactamente, un misterio? Todo es un misterio hasta que deja de serlo. Como cualquier otra persona, vinimos al mundo sin saber nada. Como recién nacido, éramos capaces de contemplar el mundo de nuestro alrededor y de recordar, pero no teníamos idea de lo que estábamos viendo. Todo suponía un misterio para nosotros. No sabíamos cómo se llamaban las cosas, pero no nos importaba. Nuestro cuerpo era frágil y nuestro cerebro inmaduro, pero nos dedicábamos simplemente a contemplar el mundo de nuestro alrededor y a escuchar. Imitábamos los movimientos y los sonidos. Poco a poco, fuimos procesando la información. Aprendimos a descifrar los códigos y adquirimos nuevos niveles de comprensión.

Los conocimientos de otras personas fueron moldeando nuestros pensamientos y nuestra conducta. Sus creencias estructuraron nuestro mundo. Hasta que aprendimos a ponerle un nombre a todo y a responder emocionalmente a esos nombres. Nos dijeron de qué debíamos tener miedo y en quién podíamos confiar. Nos enseñaron a distinguir lo bueno de lo malo y lo correcto de lo incorrecto. Aprendimos a detestar unas cosas, a aceptar otras, a quién odiar, a quién amar y qué ideales adoptar.

Así es como nos programa la sociedad y como aprendemos a sobrevivir en una comunidad. Sin embargo, la vida nos ha programado a su propia manera. En los próximos días hablaré de cómo la programación de la sociedad entra en conflicto con la de la vida. Analizaré el choque entre estos dos mundos.

La vida es real. Pero las historias que nos contamos sobre ella no lo son. Las historias que nos contamos suelen contradecir los acontecimientos reales. Nuestras creencias pueden negar lo que nuestros sentidos nos dicen. Nuestras impresiones de la realidad están distorsionadas, pero tenemos muchas oportunidades para despertar y ver con claridad. Podemos resolver el conflicto más evidente: el que existe entre la verdad y las mentiras.

Los misterios no son nuevos para nosotros. Hemos estado abriendo las puertas del conocimiento desde que llegamos a este planeta. Hemos estado descubriendo los secretos de la vida desde que tomamos la primera bocanada de aire. Este planeta ha sido nuestro campus privado desde que nacimos. Hemos asistido a muchos días de orientación como este y hemos celebrado muchas graduaciones. Hemos sido estudiantes, nos hemos convertido en maestros y hemos compartido nuestra sabiduría a medida que seguíamos aprendiendo.

Incluso ahora podemos descubrir más cosas sobre nuestro propio mundo, sobre cómo se creó y el rumbo que puede tomar a partir de este momento. Al hablar de «nuestro mundo» me refiero a la realidad que hemos creado cada uno. Pero tu mundo no es el mismo que el mío o que el de cualquier otra persona. Cada cual percibe la realidad a su propia manera. Cada uno de nosotros responde de distinta manera a lo que percibe. Nos contamos distintas historias en nuestra mente. Solo por el mero hecho de existir ya estamos creando nuestra clase especial de arte.

Los artistas desean representar la verdad. Esta Escuela se ha creado exclusivamente para los artistas, es decir, para cualquiera. Todos podemos participar en la conversación. Cualquier persona que lo desee está invitada a explorar y a descubrir en la Escuela de los Misterios. En ella jamás se juzga a los alumnos por el arte que crean.

Un maestro puede ofrecernos sus percepciones. Pero ustedes, como alumnos, solo verán lo que estén preparados para ver. Yo me expreso de la mejor forma posible, esta es mi contribución artística. Y ustedes me escuchan atentamente según su nivel de comprensión, esta es su contribución. Yo soy responsable de las palabras que elijo al expresarme, y ustedes lo son de cómo las interpretan. Cada uno intenta como artista desvelar los misterios lo mejor posible.

En esta clase semanal empezaré hablando del amor, un tema muy antiguo y conocido. A veces nos sentimos frustrados o decepcionados en cuanto al amor. Tememos expresar nuestro amor, pero la mayoría de nosotros creemos conocerlo. Pensamos que sabemos amar. ¿Es esto cierto?

Estamos programados para amar a los seres que más nos aman. A ellos también les enseñaron a hacer lo mismo quienes les amaban. Y la mayoría de personas han aprendido a amar con condiciones. A amar de forma egoísta. A amar selectivamente. Como especie humana, muchos de nuestros valores espirituales se basan en el amor y el perdón. Pero a menudo tenemos que lidiar con conductas crueles y despiadadas. Es evidente que no entendemos lo que es el amor, y esto explica de maravilla el misterio de cualquier conflicto humano.

El amor no es lo que creemos que es. El amor no es lo que insistimos que debería ser. El amor no es una emoción, sino todas las emociones juntas. El amor es eterno e inagotable, es la energía de la vida. Cómo se convirtió el amor simplemente en una idea dulce —en algo para ridiculizar, trivializar y evitar— es uno de los misterios que analizaremos esta semana. Y, mientras lo hacemos, tendrán la oportunidad de ver qué es el amor incondicional. Y aprenderán a dirigir el poder de este amor, un talento que está en nuestra naturaleza.

¿Están preparados? ¡Estupendo! Bienvenidos a este campus del aprendizaje. Se encuentran en él para experimentar con nuevas percepciones. Durante el tiempo que pasemos juntos, podrán cambiar muchas de las creencias que condicionaban su forma de definir la realidad. Les pediré que cambien algunos hábitos mentales. Tal vez deseen desprenderse de falsos ídolos. Les plantearé varios retos, de ustedes depende cómo reaccionen a ellos.

Por el momento, intenten ver las cosas de distinta forma, procuren escucharlas de otra manera. Abran su mente y sientan una gran curiosidad.

Sean sinceros consigo mismos, presten atención y prepárense para los últimos retoques de la obra maestra de sus vidas.

Día 1:

La historia

¡Buenos días! Empecemos la jornada con una sonrisa.

Cada experiencia nueva puede parecer intimidante, así que respiren hondo y relájense. Eso es. Prepárense para disfrutar mientras aceptan sus arraigadas creencias sobre el amor, la tarea de esta semana. De momento, intenten ver de dónde les vienen. Todo empezó con nuestra llegada a un sueño compartido por más de siete mil millones de seres humanos.

Todos nacimos en una comunidad inmensa conocida como humanidad. También nacimos al mismo tiempo en otra mucho más pequeña que velaba por nuestra seguridad. La formaban las personas que nos cuidaron hasta que fuimos lo bastante maduros como para cuidar de nosotros mismos. Nacimos como criaturas inocentes que se comunicaban estrechamente con la vida y que actuaban guiadas por la programación de esta.

Pero durante los primeros años de vida estuvimos expuestos a otra clase de programación. Nos empezaron a influir los conocimientos de otras personas. Sus historias moldearon nuestra mente. Sus creencias ayudaron a construir nuestro universo privado. Las opiniones y las actitudes de los demás siguen condicionando nuestra forma de actuar. Al convertirse en la base de nuestro modo de pensar, incluso influyen en cómo nos comunicamos con nosotros mismos.

En la infancia y la adolescencia aprendimos lo que la sociedad esperaba de nosotros. Empezamos a imitar los sonidos y los gestos de quienes nos criaron. Poco a poco, aprendimos a hablar su lenguaje y a actuar como ellos. Aprendimos sus reglas y tradiciones hasta que se convirtieron en algo natural para nosotros. Es decir, todos hemos recibido una formación intensiva durante un periodo de nuestra vida para que fuéramos como todo el mundo.

Así es como sobrevivimos no solo físicamente, sino también como miembros de una comunidad. Necesitábamos recibir sus cuidados y su protección. Nos recompensaban cuándo seguíamos las reglas. Al aceptar todo cuanto nos decían, sobrevivimos y progresamos. En nuestro hogar aprendimos los mitos de la familia y de nuestro círculo de amigos. En el colegio aprendimos la historia de nuestro pueblo.

Nos enseñaron muchas cosas mientras crecíamos. Los adultos de nuestra vida tal vez no fueran conscientes de que nos estaban enseñando cosas, pero nos fijábamos mucho en todo cuanto hacían y decían. Nos creíamos lo que oíamos y almacenábamos esos conocimientos en nuestra memoria. Todo lo que ahora sabemos procede de esas concienzudas enseñanzas.

Lo mismo les ocurrió a las personas que nos las enseñaron. De pequeños también fueron estudiantes y aprendieron todo cuanto saben de las personas que les precedieron. Desde los albores de la humanidad hemos ido transmitiendo la información de padres a hijos y de maestros a estudiantes. Y siempre hemos aceptado como cierta la información que recibíamos en la temprana infancia.

Todavía seguimos creyendo buena parte de las historias que oímos al crecer: las historias sobre nuestros vecinos, sobre la gente que sale en las noticias o sobre desconocidos. Aceptamos la definición de moralidad, de fe o de libertad que nos dieron. Nos enseñaron en qué consistía la fuerza, el valor o la cobardía. Nos dijeron qué significaba ser un hombre o una mujer. Nos hablaron del sexo. Y nos enseñaron a amar.

Vimos cómo nuestros padres se mostraban su afecto. Advertimos cómo usaban palabras y gestos para demostrar su amor. Observamos cómo nuestros hermanos mayores abordaban las relaciones amorosas en la adolescencia, y todos esos recuerdos moldearon nuestra conducta presente. Como si fueran amigas de la infancia, las antiguas historias siguen viviendo en nosotros y dirigen nuestros actos. Creemos en lo que pensamos y defendemos nuestros valores esenciales basándonos en esa forma de pensar.

Nuestros actos están condicionados por opiniones que apenas somos conscientes de tener y que tal vez nos neguemos a investigar. La mayoría de personas aceptan las mismas historias sobre la creación o sobre Dios que les contaron de pequeños. Raramente nos cuestionamos nuestras actitudes sobre los demás, sobre otras culturas o razas.

Es posible que tengamos las mismas actitudes en cuanto al sexo que teníamos en la adolescencia. Lo que creíamos que era sexi quizá lo siga siendo ahora para nosotros. En el pasado nuestras ideas sobre las relaciones amorosas se basaban en una mezcla de mitos adolescentes y de absurdidades fortuitas. Todos nos sentíamos presionados a hacer cosas ridículas para ser seductores. Y muchos seguimos sintiendo aún esa presión. Es muy probable que nos sigamos contando las mismas historias sobre el amor que oímos de pequeños, cuando nuestra mente era ingenua y maleable.

Al usar la palabra *historias* me refiero a los pensamientos. Empezamos a pensar en cuanto aprendemos a hablar. Los pensamientos son las historias que nos hemos estado contando desde los primeros años de nuestra vida. En aquella época absorbimos las opiniones de los miembros de nuestra familia y de sus amigos, y las hicimos nuestras.

Crecimos escuchando las opiniones de todas las personas que conocíamos. Y todavía las seguimos escuchando. A estas alturas ya sabemos que en cuanto un sentimiento se expresa en palabras, se convierte en una historia. En realidad, los pensamientos toman la forma de una narrativa. Suenan como conversaciones. Relatan nuestras actividades a cada momento como si fuera la transmisión radiofónica de un partido de fútbol. «... y ahora estoy recogiendo las cosas que mis hijos han dejado tiradas por la habitación cuando tendrían que hacerlo ellos, pero si no lo hago yo, ¡quién lo hará!». Y dale que dale.

Una *historia* también significa un relato literario, una novela romántica o la historia de amor que vemos en la pantalla de un cine. Esas historias probablemente nos enseñaron muchas cosas sobre el amor. Por lo menos, nos enseñaron cómo se imagina la mayoría de la humanidad que es el amor. Por eso no es de extrañar que nuestros pensamientos giren en torno a historias amorosas. Están divididos entre las ideas absurdas de la gente sobre el amor y el misterio cautivador que este entraña.

Muchas personas asocian el amor con esperanzas frustradas, desengaños amorosos e infidelidades. Suponen que el amor es una serie de placeres fugaces y de pérdidas dolorosas. Tratamos el tema del amor de maneras similares, imitamos las actitudes de los demás. Alabamos sus maravillas y nos angustiamos por sus desengaños. Es como si el amor viniera con un libro invisible de normas que la mayoría de personas han leído y memorizado.

Sin entender realmente lo que hacían, innumerables generaciones de seres humanos han estado cometiendo pequeños y grandes crímenes... en nombre del amor.

Reflexiones sobre el amor

Al principio existía un creador, inmortal y único. Su primer acto de poder fue crear un espejo. Para verse reflejado totalmente en él, tuvo que hacer un espejo lo bastante grande como para que se extendiera hasta el infinito. Y así lo creó. El espejo era inmenso y real. Satisfecho con su reflejo perfecto, el creador rompió el espejo en innumerables pedazos, de modo que cada trozo, fuera donde fuera a parar a través del universo, reflejara de forma maravillosa a su creador...

Esta breve historia me lleva a imaginar que somos pedazos diminutos de cristal que anhelan lo que reflejan. Cada uno de nosotros tenemos una imagen distinta en nuestra imaginación, pero las imágenes y los reflejos, como sabemos, no son la realidad. A lo largo de las numerosas eras de la humanidad, los reflejos de la verdad se han ido distorsionando cada vez más debido a la narración de historias, el talento más fascinante de los seres humanos.

Desde una edad temprana, observamos cómo las historias provocaban emociones a los demás. A base de práctica, nos volvimos unos narradores de historias extraordinarios, nos centramos en las historias que despertaban intensas emociones y un poco de drama. Descubrimos que las historias de amor eran las más eficaces. Y cuánto más dramáticas fueran, mejor. Empezamos nuestra vida siendo unos reflejos perfectos del amor, pero con el paso del tiempo aprendimos a reflejarlo de formas imperfectas.

¿Qué es exactamente el amor? Ante todo les diré lo que no es el amor. El amor no es lo que nos han enseñado que es. El amor no es el juego de ilusiones y expectativas que nos han estado animando a jugar juntos. No es un negocio o un intercambio de servicios. No es un juego donde los sueños se cumplen o se esfuman. El amor no espera ni pide nada. El amor es la fuerza de la vida y es incondicional.

Y, sin embargo, las reglas y condiciones han estado definiendo nuestra forma de amar. Por eso existen tantos problemas en el mundo, y no me estoy refiriendo a sus problemas personales o a los míos. Los problemas afectan a las naciones, a la naturaleza y a toda la humanidad. Sea cual sea la cultura o la época a la que pertenezcamos, tendemos a entender mal el amor. Vemos el valor del amor, pero encontramos un montón de excusas para infravalorarlo. Buscamos el amor, aun creyendo que es peligroso. Queremos amor, pero lo reprimimos por miedo. El resultado es que desconfiamos de lo único real que existe.

El amor es real. Pero las palabras no lo son, solo representan cosas reales. El amor es la energía creativa de la vida. El amor nos engendró y nos mantiene vivos. Desde este punto de vista, toda la creación puede considerarse amor en acción.

Pero la gente casi nunca ve el amor de este modo por varias razones. Nuestros sentidos experimentan las maravillas de la creación, y nuestra mente nos cuenta una historia sobre ella. Nos imaginamos una escena, un encuentro, un recuerdo, y nuestra mente lo convierte en una narrativa. La mente de cada uno crea una narrativa distinta, y cada narrativa es, a su propia manera, una distorsión de la realidad.

¿Y cómo se aplica esto al amor? Cuando sentimos el poder del amor, al emocionarnos e inspirarnos, nuestra mente se apresura a decirnos lo que significan estos sentimientos. Para la mente el amor es una cosa más que hay definir y explicar: si lo puede expresar en palabras, lo puede manejar. La cuestión es que cada uno tiene una forma distinta de describir el amor.

Para una persona, el amor es una opción maravillosa. Para otra, es un ataque indeseado al sistema nervioso. El amor es una bendición sagrada o un sentimiento estúpido. La gente ve el amor de distintas formas, pero la mayoría espera que tarde o temprano le haga sufrir.

En nuestro desarrollo como seres humanos, estamos condicionados por dos programas en funcionamiento. Uno procede directamente de la vida, está grabado en nuestro ADN. Y el otro viene de las historias que nos contamos. Por desgracia, nuestras historias sobre el amor —las que nos contaron y las que nos contamos a nosotros mismos— describen lo opuesto al amor. Describen la necesidad de controlar o de crear un drama personal. Describen la versión del amor que vemos en las comedias románticas y en las tragedias clásicas. Es un amor que crea todos los conflictos en nuestra vida.

Somos narradores de historias. El lenguaje es nuestro arte y a través de él explicamos los misterios de la vida. Disfrutamos explicando el misterio que somos. En realidad, nuestras historias siempre tratan de nosotros. Describen lo mejor y lo peor del ser humano. Documentan nuestro heroísmo desinteresado y nuestros actos de cobardía más vergonzosos. Nos enorgullecen o nos revelan unos secretos que procuramos no descubrir. Nuestras historias pueden ser muy personales o muy objetivas, pero siempre tratan de nosotros.

Al decir *nosotros* me refiero a la mente humana. Sí, el cuerpo se ha unido al viaje, pero la mente es la que nos cuenta historias pintorescas para describirse a sí misma. Da su propia voz a personajes de caricaturas. Asigna sentimientos a los objetos: a robots, tostadoras, juguetes… Afirma que los perros y los monos tienen pensamientos filosóficos. Le gusta hablar de seres imaginarios y de visitantes extraterrestres, pero la mente siempre está hablando de sí misma.

La mente baila alrededor de la verdad usando el poder hipnótico de una buena historia. Habla en nombre del espíritu humano. En nombre de los dioses que veneramos y de los guías que nos visitan en nuestros sueños. Habla por medio de los recuerdos y la imaginación, crea un universo de partes virtuales.

Cada uno de nuestros pensamientos y conversaciones forma parte de la continuación de la historia: la historia sobre nosotros. Cuando le contamos a un amigo «¡Le dije a mi jefe que si no me aumentaba el sueldo me largaba!», estamos añadiendo una parte de la trama. Aunque estemos a solas con nuestros pensamientos, preocupados por lo que pueda ocurrir cuando nos enfrentemos al jefe al día siguiente, estamos narrando nuestra vida —el pasado, el presente y el posible futuro— para un público compuesto por una sola persona.

Nos contamos historias para que nuestra realidad nos parezca un poco más real. Tal vez compartamos nuestras historias con los demás para validar esa realidad. Llevamos miles de años contando historias a otros seres humanos para comunicar cosas y para entretenernos. Y al margen de cómo las contemos, cada historia narrada se compone de los mismos elementos esenciales. Tiene su inicio y su final. Sus diálogos y sus giros en la trama. Y sus héroes y sus villanos.

En nuestra realidad también hay villanos. En la vida cotidiana tenemos que lidiar con acosadores y con pequeños tiranos, como los personajes de cualquier película. Creemos conocer a los malvados que van a por nosotros. Especulamos sobre sus motivos y conservamos una lista de sus traiciones. ¿No es así? Nuestra historia tiene también un elenco de figuras heroicas. Puede que a algunas personas de nuestra vida las consideremos salvadoras. La vida, como pueden ver, es un ejemplo de una narración clásica humana.

La humanidad también ha creado historias aterradoras. Los más aterradores de todos son los demonios del inframundo y las sombras de los monstruos nocturnos. Nuestros mitos describen criaturas marinas y aladas que están deseando devorarnos. Las brujas viven en los bosques y los espíritus macabros nos acechan en las puertas de los pueblos. Los niños han estado creyendo en fantasmas, duendes y demonios de toda índole desde los albores de la civilización.

La única protección para nuestras tenebrosas fantasías son los símbolos luminosos y las ideas tranquilizadoras. Es otra cosa que nuestra sorprendente mente puede evocar. El mejor antídoto para las historias de terror son las maravillosas historias de amor.

El héroe romántico

El concepto del amor romántico de las novelas de caballerías viene de la época medieval, cuando los caballeros intentaban ganarse el corazón de una dama de la nobleza con sus valerosos actos. Prometían cuidarla con devoción el resto de su vida. Mataban a dragones, supuestamente, y vencían a ejércitos en nombre del amor. Desde entonces el amor romántico ha estado siendo el tema de baladas musicales y de relatos, con o sin la presencia de dragones.

La devoción sigue siendo un componente esencial en las relaciones románticas modernas. Nos cortejamos con palabras y con perfumes. Intentamos impresionar y seducir al otro como pavos reales que despliegan sus extraordinarias y vistosas colas. En algunas culturas se hace con música y luz de velas, y en otras con un presente en forma de varias cabezas de ganado. Prometemos en nuestras conversaciones íntimas sernos fieles toda la vida. Hoy día, un hombre hincado de rodillas haciendo una proposición de matrimonio produce la misma reacción de gozo que un caballero medieval ofreciendo galantemente a su dama una rosa para el deleite de la corte.

Romance es la palabra que usamos para describir el sexo y nuestros esfuerzos por practicarlo. El deseo de apareamiento es la prueba de la programación de la vida. Y la programación de la sociedad es la responsable de las historias que nos contamos sobre él. Podemos hablar de la seducción de distintas formas, pero a todos nos gustaría atraer a un amante de cualquier forma posible. Desde la pubertad, el sexo ha sido una fuerza impulsora. En la edad adulta, las obsesiones sexuales de los adolescentes nos parecen ofensivas, pero solo es porque nos hemos olvidado de esa demencial necesidad sexual, hasta que nos visita de nuevo.

Cuando pensamos en nuestro primer beso, vemos que no fue más que eso. ¿Acaso hay algo más natural que un beso? ¿Es que hay algo más excitante que los labios unidos, que el placer de tocar y *saborear* a la persona adorada? Ese impacto de súbita intimidad… no se puede expresar con palabras. Un beso nos acaba llevando a las caricias, a los abrazos y a una inevitable oleada de deseo sexual. De un beso brota la vida como la lluvia se transforma en ríos subterráneos. Al fin y al cabo, es la biología humana. Está programado en nuestras células. Es así de sencillo.

Siempre debería ser tan sencillo, pero nos complicamos la vida. Afirmamos que un beso acabará en un desengaño amoroso y en sufrimiento. O si somos más optimistas, en una felicidad eterna. Nos preguntamos si será bien recibido. Dudamos de nuestros instintos y temblamos al pensar en el rechazo.

El miedo puede corromper una cosa de lo más sencilla y convertirla en algo desconcertante. Y el sexo es sin duda una de ellas. Pero no hay que olvidar que vivimos en un cuerpo humano. Es nuestro hogar. Apoya todas nuestras historias, pero no las necesita para explicar lo que quiere. El cuerpo no necesita ninguna intervención en su búsqueda del placer, pero intervenimos de todos modos. Nos entrometemos. Juzgamos. Y acabamos castigándonos por nuestro placer y condenando a los demás por sus deseos.

El amor también ha sido la excusa que se oculta detrás de muchas de nuestras inhibiciones. Censuramos el amor que sentimos por nosotros mismos, creemos que nuestro cuerpo no se merece nuestra inmensa admiración y respeto. Vemos el amor como el lado seductor del miedo. Como algo delicioso que puede destruirnos.

Al mismo tiempo, lo idealizamos de un modo que deforma lo que en realidad es.

Somos la fuerza creativa del amor envuelta en materia. Somos la historia de amor contada de una determinada forma. La historia trata de cómo recibimos, procesamos y gestionamos el amor. De cómo la fuerza del amor se manifiesta en nosotros, seres humanos. Parece algo muy romántico, pero también es una realidad física.

Imaginen qué ocurre cuando respiran: el aire entra en sus pulmones para mantenerles vivos. El oxígeno circula por su cuerpo. Les transforma y después lo liberan como un componente químico que enriquece el ambiente. El amor funciona de la misma forma. El amor, la fuerza vital, fluye a través de nosotros. Nos transforma y después se manifiesta en todo cuanto decimos y hacemos, enriqueciendo el ambiente emocional de la humanidad.

Muchas personas dejan que sus ideas sobre el amor corrompan esta alquimia. El amor nos llega como pura energía. Y nosotros lo filtramos a través del grueso entramado de nuestras ideas y prejuicios hasta transformarlo en otro elemento distinto. Lo que queda de él suele ser una especie de veneno, algo avivado por los celos y la venganza. Incluso puede llegar a transformarse en terror.

Como el amor es una fuerza que nos asusta, a veces reaccionamos a él de modos absurdos. Como cuando exclamamos «¡Lo odio!», o soltamos «¡Ella no es mi tipo!». La lógica no es una defensa contra el amor, no necesitamos defendernos de él. El amor es la fuerza de la creación. El amor es la verdad. Tanto si decidimos luchar contra él o por él, estamos hechos de amor.

El símbolo del amor

Eros, el dios mítico del amor, es un símbolo que representa la fuerza que hay en nosotros. Cuando nos engendraron empezamos como energía, o como la expresión real del amor. Más tarde nos convertimos en un símbolo viviente del amor, completo y con distorsiones. Y con el paso de los años nuestras historias trataron más sobre lo que creemos ser que sobre lo que somos. Si lo desean puedo crear un pequeño mito sobre ello que incluya por lo menos una parte del drama de los mitos clásicos:

Hace mucho, muchísimo tiempo, solo había oscuridad. De pronto, del vientre de la oscuridad salió una diosa. Era un ser alado de un poder y un fulgor inimaginables, y se llamaba Amor. Amor esparció su poder en incontables millones de estrellas ardientes. Del fuego de cada una de las estrellas nacieron niños.

A medida que la creación crecía y se expandía, los hijos de Amor perdieron su capacidad para reconocer su propia perfección. Se enfrentaron a su Madre. Se enfrentaron entre sí. Con el tiempo, traicionaron a sus propios retoños, dejaron que las mentiras los devorasen. Esta situación los llevó a las guerras, y las guerras produjeron masacres y destrucción. El poder puro de la Diosa, representado en el pasado por el fulgor de las estrellas, se debilitó y distorsionó por las mentiras. Y esas mentiras vivirán en sus hijos hasta el fin de los tiempos...

Cada mito es una carta dirigida al género humano, escrita por la humanidad. Y cada historia encierra un mensaje. En el pasado nos creíamos la mayoría de las historias que escuchábamos. A lo mejor lo seguimos haciendo ahora, pero ¿sabemos escuchar una historia? ¿Sabemos imaginarla y soñar después su mensaje en nuestra propia vida? En todos los símbolos y las supersticiones hay una pizca de verdad. De cada uno depende, por medio de nuestra maravillosa mente razonadora, usar esta pizca de verdad para ser más conscientes.

Los narradores de historias de antaño tenían un talento excepcional para tejer historias con unos personajes que nos mostraban distintos aspectos de nosotros mismos. Cada cultura ha creado mitologías que previenen e inspiran al mundo. Pero en una determinada época hubo una cultura a la que se le daba especialmente bien. Vamos a echar un vistazo a los griegos de la antigüedad para ver si podemos entender mejor a Eros.

Algunos filósofos antiguos describen a Eros como uno de los dioses primordiales responsables de la creación. Eros era el más justo de los dioses inmortales: hijo de Afrodita y Ares era, junto con sus hermanos, uno de los dioses alados del amor. Existen muchas versiones de esta historia, pero todas giran en torno a los mismos temas.

Eros se representa como un dios, un semidiós, un mortal o un niño regordete de lo más travieso. En cualquier caso, se dice que conquistó la mente y los pensamientos de los seres humanos. Es cierto. Conquistó la mente y los pensamientos de los seres humanos. Probablemente sea la mejor forma de explicar hasta qué punto una idea distorsionada del amor nos puede llegar a condicionar.

La energía erótica es la fuerza creativa de la vida. Es la verdad y no un reflejo de la verdad. Los símbolos sirven para reflejar la vida. Están concebidos para permitirnos alcanzar la verdadera comprensión, y Eros forma parte de esta clase de símbolos. La historia de Eros se creó para ayudarnos a ser unos reflejos impecables de la verdad. Su historia es la historia de todos.

Eros es el héroe en busca del amor. En busca de Dios. Se podría decir que es un pedazo de ese espejo roto buscando lo que él mismo refleja. Es sin duda una historia reveladora, no tiene nada que ver con algunas de las absurdas historias que los seres humanos nos contamos. La historia de Eros es tu propia historia, la mía y la del resto de la humanidad.

En el pasado éramos unos reflejos perfectos del amor. Pero después nos dejamos seducir por una clase de historia en particular. La historia de Eros se acabó convirtiendo en una historia sobre nuestra necesidad de conquistar todo lo que las otras personas valoran. Hacía hincapié en nuestro deseo de poseer, atrapar y controlar. De alguna manera, el amor se convirtió en una lucha por llamar la atención. Atraer el amor se volvió la única prueba de nuestra propia valía.

Tal vez sea ahora un buen momento para recordar que el uso de símbolos para comunicar ideas refleja nuestro ingenio. El lenguaje es nuestro arte. Nuestras historias nos conectan unos con otros y nos guían en nuestra evolución. Las historias conocidas se nos quedan grabadas y las acabamos aceptando como reales, aunque nos alejen de la verdad de lo que somos.

Eros, el símbolo, existe en nuestra mente. Eros subyace en nuestras historias personales de dolor y desengaños amorosos. Es el arquitecto de los finales trágicos y de los destinos fracasados. Es el protagonista de nuestras historias, el personaje recurrente en la historia de la humanidad.

Se podría decir que Eros es el héroe de LA HISTORIA.

Día 2:
La inocencia

¡Hola de nuevo! ¡Es estupendo volver a reunirnos!

En la última clase hablé de las ideas equivocadas que tenemos sobre el amor. Como he señalado, no es solo tu problema, sino el de toda la humanidad. Hoy hablaré más a fondo de cómo aprendimos a amar y de hasta qué punto las ideas equivocadas sobre el amor nos han afectado a todos, al margen de cuál sea nuestra raza o cultura.

Pero antes de hacerlo, me gustaría recordar algo. En esta clase me expreso con un cierto tipo de lenguaje, se le podría llamar el lenguaje del artista. Al expresar mi arte, usaré palabras con las que tal vez no estén familiarizados. Los cambios reales de perspectiva se dan cuando estamos dispuestos a entender las palabras y las frases de distinta manera.

Por ejemplo, uso la palabra «sueño» para referirme a nuestra realidad personal. Nuestra forma de interpretar la realidad no es como la de cualquier otra persona. Y como ocurre cuando dormimos, lo podemos modificar cambiando deliberadamente el centro de nuestra atención. También lo podemos cambiar al despertar del sueño.

Esta enseñanza está concebida para ayudarles a despertar y a ver exactamente cómo han estado soñando su vida hasta este momento. Si mi elección de las palabras les desconcierta, explicaré la intención que se encuentra tras lo que digo lo más a menudo posible. Y ustedes interpretarán mis explicaciones a su propia manera, si es posible sin prejuicios ni filtros. Es la mejor forma de abordar esta clase de arte. Como ya han aceptado abrir su mente a ideas nuevas, lo mejor es ser objetivos con los temas que nos provocan sentimientos profundos. El amor es uno de estos temas. Y el sexo es otro.

Ahora se dan cuenta de que todos hacemos suposiciones sobre ambos temas. Cada uno tiene sus ideas sobre el amor y los demás tienen las suyas. Seguro que han tenido sentimientos encontrados sobre el sexo a lo largo de sus vidas, como la mayoría de las personas. Sus sentimientos sobre el amor y las relaciones sentimentales han afectado casi todos los aspectos de tu realidad.

Quizá vean ahora que desean que les amen, pero en sus propios términos. Todo el mundo es como ustedes en este sentido. Son pocas las personas que dedican un tiempo a hablar sobre estos términos, pero esperamos que nuestra pareja los respete. Creamos obstáculos. Insistimos en poner condiciones. Decimos frases como: «Te amaré mientras tú me ames». Insinuamos condiciones como: «Te amaré para siempre si no hieres mis sentimientos», o «si sigues mis reglas» o «si me dejas controlar tu vida».

«Te amaré si...» significa que el amor es condicional. Las parejas prometen amarse en la salud y en la enfermedad, pero a veces descubren que la enfermedad es una carga demasiado grande para ellas. Prometen amarse en la riqueza o la pobreza, pero al primer indicio de adversidad, se largan. El cariño llega y se va. El deseo es pasajero. Las parejas rompen sus promesas. Dicen frases dramáticas como: «He dejado de amarte» o «Nunca más volveré a amar». En algunas ocasiones, insisten en que son incapaces de amar.

Las relaciones están llenas de contradicciones. Las relaciones de pareja son especialmente frágiles. Y, sin embargo, los seres humanos seguimos actuando como si el amor no fuera más que una joya brillante para comprar o lucir. Vemos el amor como un juego, como algo voluble y, a menudo, peligroso. Hemos usado el amor como una forma de complacer y de castigar. Pero el amor, como todos ya sabemos, es la propia fuerza vital.

Las asociaciones empresariales requieren contratos legales. Y las relaciones de pareja se basan en acuerdos. Un matrimonio requiere ambas cosas. Pero el amor no tiene que ver con contratos ni acuerdos. El amor no pide nada. Las relaciones se rompen y el cariño desaparece. La gente se decepciona, pero el amor no. Los sueños se hacen añicos, pero el amor es indestructible. Los votos se rompen, las promesas no se cumplen, pero el amor sigue.

El amor perdura tanto si un sueño se termina como si no. Cuando miramos más allá de la ilusión del amor, experimentamos la verdad del amor. Podemos decirle a alguien: «Tú le das sentido a mi vida». Es posible que creamos en nuestras palabras cuando exclamamos, llorando, «¡Si dejas de amarme, me moriré!». Pero el amor es lo que tú eres. Es la verdad sobre ti, sin inicio ni fin. El amor seguirá existiendo contigo o sin ti y tus historias.

El amor no es un sentimiento pasajero. El amor es la corriente de la vida. Al imponer reglas y limitaciones en el modo de amar a alguien, convertimos al amor en una mentira. ¿Por qué lo seguimos haciendo? ¿Por qué insistimos en poner condiciones? ¿Cómo pudimos alejarnos tanto de lo verdadero?

Dos programas

Observen su propia evolución, de la niñez a la edad adulta. Llegaron a un mundo que ya existía, un mundo que tenía sus reglas y tradiciones. Llegaron a él sin saber nada. Apenas podían mover sus frágiles y débiles cuerpos; en cambio, todos los que les rodeaban eran fuertes y ágiles. Todos eran más grandes y listos que ustedes. Ya habían aprendido las reglas. Tenían nombres, identidades e historias personales. En cambio a ustedes les llevaría años acumular todos esos conocimientos sobre sí mismos.

Al principio, funcionaban solo con el programa de la vida. La vida se ocupaba de supervisar la construcción de sus cuerpos, en su ADN se encontraba el plan para cada función del organismo. La vida diseñó cada aspecto de su crecimiento y desarrollo. Determinó la forma en que su cerebro debía funcionar y cómo debían responder al entorno. Les permitió conectar con el resto del mundo a través de sus sentidos físicos. El programa original de la vida transformó al recién nacido en un niño pequeño y, más tarde, en un adolescente y un adulto. Esta máquina biológica ha estado funcionando a lo largo de sus vidas y seguirá haciéndolo hasta que les lleve a la vejez y la muerte.

El sistema nervioso controla nuestras habilidades motrices y hace posible la percepción. También nos permite ver el reflejo de lo que percibimos y apoya la mente. ¿Por qué me empeño en llamarlo un reflejo? Pues porque la mente crea una impresión de todo lo que observa, al igual que un espejo proyecta una impresión de nosotros mismos y de los objetos que se encuentran a nuestro alrededor. La calidad del espejo modifica las imágenes que vemos, al igual que la mente cambia nuestra forma de percibir el mundo. La visión se modifica según lo que creemos saber.

Imaginen que están saboreando una comida deliciosa en un restaurante. Están entusiasmados con la experiencia, hasta que alguien les dice que lo que están comiendo es un caracol, una rana o un roedor. De pronto, la comida les parece asquerosa. Antes les parecía deliciosa, pero ahora la encuentran repugnante. ¿Qué ha pasado?

Que han adquirido un conocimiento. Les han dicho lo que estaban comiendo y ustedes tenían unas firmes opiniones sobre ello. El conocimiento puede proteger e inspirar, pero también puede predisponer en contra de la verdad. Lo mismo ocurre cuando vemos lo que vemos u oímos lo que oímos. Podemos o no rechazarlo como una mentira, según lo que ya creamos. Una historia puede anular la verdad y, la mayor parte de las veces, lo hace.

Mientras tanto, los sentidos no nos engañan. Sabemos lo que hemos saboreado y sentido. Vemos lo que vemos. Oímos lo que oímos, pero dejamos que lo que pensamos manipule esta información. Como las impresiones pasajeras en un sueño, nuestras conclusiones sobre la realidad tampoco son demasiado reales. Pero cuando la vida empezó las cosas eran muy distintas.

Al principio, seguíamos el programa de la vida y nos desarrollamos con rapidez. Nuestra mente no registraba nada, porque aún no se había creado. Movíamos los miembros, que se fueron fortaleciendo. Nos dábamos la vuelta y, de pronto, descubrimos que podíamos enderezarnos si nos apoyábamos en el suelo. Aprendimos a sentarnos, a ponernos de pie y más tarde a andar. La programación de la vida nos fue haciendo progresar hasta que el cerebro alcanzó la madurez necesaria para aprender a hablar.

Después de nacer aprendimos a distinguir los sonidos y a imitar los de los demás. Aprendimos a reconocer las palabras. A usar la voz para darle sentido a todo cuanto nos rodeaba. «¡Mamá!» tal vez fuera la primera palabra que dijimos con claridad. Quizá fue «¡Papá!», o el nombre de un hermano o de la mascota de la familia. A lo mejor fue una palabra como «¡no!», «¡quema!» o alguna otra expresada con intensidad emocional.

En cuanto empezamos a adquirir un vocabulario, ya no dejamos de ampliarlo. Fuimos reuniendo más y más palabras, y al cabo de poco ya éramos capaces de construir frases completas. La comunicación se convirtió en una habilidad. Evolucionamos de un niño indefenso a alguien que podía participar en las conversaciones. Resolvimos otro misterio importante, y la vida fue la que nos permitió hacerlo.

Pero la cosa no acaba aquí. El sistema nervioso siguió evolucionando. La mente empezó a desarrollarse. Con el tiempo, fuimos capaces de pensar y procesar ideas. Pudimos crear una realidad de nuestra imaginación. Aprender cosas se convirtió en una alegría, un juego. «¡Ah! ¡Ya lo he entendido!» se convirtió en nuestro mantra.

¿Se acuerdan de cuando leían en voz alta cada valla publicitaria, cada señal de tráfico? ¿Se acuerdan de cuando recitaban las palabras del dorso de las cajas de cereales y las de los periódicos para demostrar sus asombrosos poderes? Tenían todo el derecho a estar orgullosos, pues habían invertido mucho tiempo y esfuerzo en conseguir desvelar por fin el misterio de las palabras. Y las revelaciones se siguieron dando en sus vidas. Su sed de conocimiento aumentó.

Los símbolos fueron las claves de su comprensión. También lo fueron los juguetes. ¡Aprender era divertido! Empezaron a confiar en sus conocimientos, lo cual nos lleva de nuevo al tema del que estoy hablando. Después de nacer, se puso en marcha otro programa. Empezaron a conocer aquello que todo el mundo conocía y a creerlo sin cuestionar nada.

En los primeros años de vida, sus cerebros se desarrollaron a un ritmo vertiginoso. Sí, aprendieron un montón de cosas. Sí, descifraron los códigos secretos que les permitían adquirir conocimientos, pero esto no fue más que una parte de su desarrollo. Con la experiencia llegó la capacidad de razonar o de elegir las creencias.

Como la mayoría de niños, probablemente creían en la existencia de criaturas fantásticas. Quizá pensaban que las cigüeñas eran las que traían a los niños al mundo, o que el ratoncito Pérez dejaba pequeños regalos bajo la almohada cada vez que se les caía un diente. Creían en los héroes con superpoderes de los cómics.

Creían que los hombres lobo eran reales y que los demonios vivían debajo de la cama.

A lo mejor aún creen en fantasmas y duendes, pero en un determinado momento de la niñez dejaron de creer en los Reyes Magos. Dejaron de creer en Santa Claus. Dejaron de creer que un anciano barbudo traía regalos la noche de Navidad. Y dejaron de creer en el ratoncito Pérez. Dejaron de creer en un buen puñado de mitos absurdos creados para que se portaran bien.

Empezaron a elegir en qué historias querían creer. Esto significa que empezaron a tener su propio criterio. En ese momento adquirieron una nueva madurez.

La pérdida de la inocencia

A medida que vamos esclareciendo cada vez más misterios en la niñez, perdemos la inocencia. Es algo inevitable. Empezamos a distinguir la vida real de la de los cuentos de hadas. Tal vez sigamos conservando una cierta inocencia en la infancia, pero vamos adquiriendo nuevas percepciones y puntos de vista. Y al llegar a la edad adulta nuestra capacidad de razonar se vuelve más importante que nunca.

La función principal de la razón es distinguir la realidad de la ficción. Empieza a manifestarse cuando dudamos de algunas de nuestras creencias de la temprana infancia. Conservar la inocencia en la edad adulta puede ser un problema. Hay demasiadas teorías tentadoras, demasiadas historias exóticas cautivadoras. Creer en cualquiera de esas historias no funciona cuando tenemos que afrontar constantemente asuntos de la vida real.

Cuando los que nos criaron dejan de protegernos, tenemos que hacerlo nosotros mismos. Necesitamos ver. Necesitamos confiar en nuestros sentidos y en nuestro instinto. Tenemos que ser escépticos. La razón nos permite clasificar toda esta información y distinguir lo que tiene sentido de lo que no lo tiene.

Tenemos un montón de información dando vueltas en nuestra cabeza, pero no significa que debamos creérnosla toda. La «razón» nos permite escuchar y elegir. Ya no somos aquel niño que acepta toda la información como verdadera. Somos adultos con el poder de observar y evaluar. Saber razonar adecuadamente forma parte del crecimiento, pero no es lo único que indica el grado de madurez de un niño. Veamos los otros elementos importantes del cerebro.

El razonamiento da paso a la «inteligencia» o la capacidad de resolver problemas. La inteligencia nos permite recibir información, procesarla y comunicarla a nuestra propia manera. Pero la imaginación nos ayuda a ello. Para sacar cualquier conclusión tenemos que ser capaces de imaginar muchas conclusiones y elegir la más adecuada.

Como en cualquier niño, su «imaginación» se desarrolló temprano en la vida. Incluso antes de aprender a hablar ya podían imaginar otras realidades. Cuando se empezaron a comunicar por medio del lenguaje, pudieron explicar sus imágenes mentales con palabras. Incluso en aquella época ya eran artistas. Podían compartir sus visiones con los niños con quienes jugaban y llevarlos a sus numerosos mundos imaginarios. Tenían el poder de estimular la imaginación de esos niños y de inspirar otras clases de fantasías.

Les invito a recordar su propio viaje, desde el principio hasta el momento actual. ¿Cómo pueden hacerlo? Por medio de la «memoria», otro elemento del cerebro. La memoria nos permite almacenar la información que hemos ido reuniendo a lo largo de los años y recuperarla. Nos permite evocar experiencias y sensaciones del pasado. Y lo más importante, nos permite aprender de ellas.

Nuestra reserva de recuerdos es ahora enorme y podemos recuperar cualquier elemento que contenga.

Aunque los recuerdos no son una experiencia real, sino la historia de una vivencia del pasado. Cuanto más evocamos o embellecemos un recuerdo, menos representa la verdad.

En lugar de depender de los recuerdos para obtener un testimonio preciso del pasado, úsenlos para fortalecer su sabiduría y su conciencia. Los recuerdos se basan en impresiones que se están borrando. Las «emociones» que las avivaron han dejado de ser importantes ahora, por más intensas que fueran en el pasado.

Las emociones son reales. Son unos indicadores importantes de lo que es verdad. Pero los sentimientos que tuvimos en distintas situaciones del pasado no se pueden recrear, ni tampoco deberíamos intentar hacerlo. Sean conscientes de lo que sienten a cada momento. Los sentimientos ofrecen una información sincera sobre el entorno y las historias que nos estamos contando a nosotros mismos en ese momento. Si creemos en las historias de rechazo o injusticia, nuestras emociones harán que se dispare la alarma. Nos empezaremos a sentir mal. Empezaremos a echar la culpa a alguien, a sentir miedo o a rendirnos.

«¿Qué acabo de hacer?», pueden preguntarse en esa situación. «¿Qué es lo que estoy pensando ahora? ¿Qué creo realmente?». Los pensamientos condicionan nuestro estado de ánimo y solo nosotros podemos cambiarlos. Adviértanlos y actúen. Escúchenlos. Usen su criterio para decidir lo que es cierto.

En lugar de echar la culpa a la situación o desconfiar de las intenciones de los demás, comprueben su historia. Cambien los mensajes que se están enviando a sí mismos. Sean impecables con sus palabras y pensamientos. Protéjanse de las suposiciones infundadas y tengan en cuenta que no todo lo que sucede tiene que ver con ustedes.

Es cierto, los demás están soñando su vida a su propia manera. Están preocupados por sus propias historias. El ruido que hay en su cabeza es ensordecedor, así que no se tomen sus palabras ni sus acciones como algo personal. Acepten el hecho de que esas personas están creando la realidad a su propia manera. Ustedes no tienen por qué sentirse amenazados por puntos de vista contrarios a los suyos.

Recuerden además que nadie debe hacer un mal uso de las emociones ni tampoco manipularlas, ni siquiera ustedes. Su propia evolución depende de cómo las alineen con la verdad. Cuando somos sinceros emocionalmente, actuamos con autenticidad. Pero cuando no lo somos, actuamos de manera falsa y estamos representando un papel.

A todos nos enseñan a ser buenos actores desde una edad temprana. Aprendemos a imitar las conductas de los demás. También aprendemos a amar como lo hace todo el mundo. Aprendemos sus formas de recibir y expresar amor. En la infancia observamos si sus relaciones les funcionan o no, y cuando somos adultos tenemos en cuenta esta información.

El resultado más revelador es que deseamos amar, pero con condiciones. Estamos dispuestos a amar, mientras seamos correspondidos. Nos alegramos de abrir nuestro corazón, mientras tengamos la situación bajo control. Estamos deseosos de ser tiernos y receptivos, mientras no hagamos el ridículo en público. El amor condicional forma parte de nuestro aprendizaje y la mayoría de personas son expertas en él.

La tempestad

Razón. Intelecto. Imaginación. Memoria. Emoción. Conducta.

Cito estos elementos para mostrarles lo necesarios que son todos ellos para crear nuestra visión de la realidad. Condicionan los sentimientos sobre nosotros mismos, nuestros amigos y los miembros de nuestra familia. Controlan nuestra visión del mundo, la humanidad y Dios. Y, con la ayuda de otras personas de nuestra vida, moldean nuestras actitudes hacia el amor.

La inteligencia nos permite procesar la información y comunicarla. Decidimos lo que es cierto o no por medio de la razón. Usamos la imaginación para aumentar nuestros conocimientos sobre el mundo y hacer realidad las ideas con las que soñamos. Estas ideas se apoderan de nosotros. Nos producen respuestas emocionales e influyen en nuestra conducta. Nos sentimos ansiosos, satisfechos, enojados o extasiados, depende de cómo estas funciones del cerebro actúen juntas. Y en el disco duro de nuestra memoria se almacena cada respuesta, cada acto.

Toda la información que consumimos se convierte en inspiración para futuras acciones. Lo que oímos y presenciamos en nuestros primeros años de vida forma la base de nuestra realidad, pero esta base está destinada a tambalearse. Con la llegada de la pubertad nuestro sentido de la realidad se altera. Todas nuestras creencias, por más ciertas que nos parecieran de niños, se trastocan por la programación original de la vida.

Aunque esto no significa que antes de la pubertad no se hubiera producido ningún cambio; claro que los experimentamos. Nos alegramos de esos cambios a lo largo de la infancia. Crecimos en altura y lo fuimos señalando en el marco de una puerta. Se nos cayeron los dientes y nos salieron otros de mayor tamaño. La ropa se nos quedó pequeña y nos compraron piezas nuevas de otra talla. Los zapatos desgastados dejaron de servirnos y nos compraron otros más modernos de una talla más grande. Fueron unos hitos felices en nuestro desarrollo.

Mentalmente nos volvimos más perspicaces y seguros. Nos sentimos a gusto con nosotros mismos y pudimos expresar nuestras opiniones sobre el mundo en el que vivíamos. Antes de la pubertad, estábamos muy seguros de nuestro mundo… pero después el mundo se hizo añicos. Al menos, eso es lo que sentimos cuando la programación de la vida cambió de marcha.

En la pubertad todo nuestro mundo se trastocó. Empezamos a perder la inocencia a pasos agigantados. Nuestro cuerpo, el amigo en el que podíamos confiar, se puso en nuestra contra. Nos traicionó al convertirse en una copia del de los adultos de nuestro alrededor. Nos cambió la voz. Nos salió más vello en el cuerpo y ganamos peso. Nos sentíamos raros y feos. De pronto, ya no éramos los mismos de antes. Nuestra confianza disminuyó y nuestras ilusiones del pasado se hicieron pedazos. Y estos cambios fueron tan evidentes como los dientes que nos faltaban en primaria: eran imposibles de ignorar.

No solo los cambios de nuestro cuerpo nos desconcertaron, sino que de repente nos empezamos a cuestionar todo lo que creíamos conocer. Las normas de la sociedad nos parecían absurdas, incluso demenciales. No sabíamos en qué creer o confiar. No es siempre una vivencia tan dramática para todos los adolescentes, pero son unas reacciones naturales en una evolución natural. En cierto modo, la vida nos recuerda que es ella la que tiene la sartén por el mango y que siempre la tendrá.

Con la llegada de la adolescencia el cuerpo experimenta una oleada hormonal. La mente tiene que adaptarse. Y, para ello, tiene que contarse una historia. La mente típica de un adolescente se obsesiona con historias de injusticias. Sostiene que todo el mundo va a lo suyo y que la vida es injusta. Sea cual sea la historia que se cuente, la rebelión es la respuesta típica de un adolescente.

La pubertad marca el primer conflicto real entre la programación original de la vida y la programación impuesta por la sociedad. Nuestros conocimientos adquiridos no coinciden con nuestros impulsos naturales. Nuestras creencias religiosas van en contra de nuestros instintos. Nuestros impulsos biológicos son más fuertes que cualquier mitología, y el resultado es la agitación emocional. En la mayoría de culturas, el deseo sexual entra violentamente en conflicto con las reglas de la sociedad. El resultado son sentimientos de culpa y vergüenza, pero también puede llevar al rechazo público y a la tragedia personal.

Con todos los catastróficos cambios que ocurren en la adolescencia, empezamos a dudar de lo que nos contaron. Aprendemos a despedirnos de la persona que conocíamos y en la que confiábamos, la que nos había estado viendo de manera segura en nuestra niñez. Nos despedimos de lo que éramos y, en medio de toda esta confusión, dejamos de querernos a nosotros mismos.

Hace mucho tiempo, fuimos mensajeros del amor, el cual fluía a raudales en nuestro interior y cualquier persona podía sentir su calidez. Amábamos todo cuanto existía, incluyéndonos a nosotros mismos. Pero con el paso de los años empezamos a medir cuánto amor recibíamos y cuánto estábamos dispuestos a dar. Y henos ahora aquí, luchando con nuestras ideas contradictorias sobre el amor, forcejeando aún con nuestros miedos. Eros, el símbolo, ha conquistado al final nuestra mente y nuestros pensamientos. Ocurrió en la época de los dioses y los oráculos del Olimpo y sigue ocurriendo en la actualidad.

¿Cómo podemos dejar atrás los hábitos de toda una vida? No es necesario tener poderes sobrenaturales para conseguirlo, basta con prestar atención. Al dejar de fijarnos en nuestras antiguas historias, podemos experimentar. Podemos dirigir el poder de nuestro amor sin poner condiciones ni esperar nada a cambio. Podemos atrevernos a amar generosamente, sin los castigos que solemos imponernos.

Podemos sentir la magia de la poderosa fuerza del amor al penetrar en nosotros y salir de nuestro interior. Podemos conseguir todo esto, sin contarnos ninguna historia.

Las historias sobre los orígenes

Su historia es como la de cualquier otra persona. Se la contaré de un modo sencillo y clásico. Podría contarse en cualquier lugar o cultura en este planeta, igual que podría haberse contado hace miles de años. Imaginen que soy un anciano contándosela por la noche al lado de una hoguera, bajo un cielo estrellado intemporal...

Hijo mío...

Tú eres la fuerza creativa de la vida convertida en carne y hueso. Llegaste a un mundo que ya existía, en una comunidad conocida como tribu. Los que te criaron eran miembros de esta tribu. Hablaban su lengua. Practicaban sus antiguas tradiciones. Tu supervivencia dependía de obedecer sus reglas tribales.

Primero tuviste que dominar tu cuerpo físico. A medida que fuiste lo bastante fuerte como para incorporarte y andar, también aprendiste la lengua de tu gente. Te uniste a sus conversaciones y te volviste más inteligente a su modo de ver. Aceptaste su sabiduría como cierta y virtuosa. A lo largo de los años, a cada reto que te ponían, estaban revelándote los misterios de la vida.

Así es cómo aprendiste a ser un humano, a la manera de tu tribu. Esta es tu historia original... una historia que no puede hacerle justicia al asombroso misterio que tú eres.

Tengan en cuenta que no he descrito los inicios de la vida con ningún episodio aterrador. No aparece ningún feroz dios guerrero en el relato, pero la historia es tan relevante en la actualidad como en cualquier otra época de la historia humana.

Llegamos a un mundo extraño y crecimos imitando la conducta de los que nos rodeaban. Nos fijamos en la forma de andar de nuestro padre y nosotros también nos movimos de la misma manera. A nuestra madre le gustaba cantar, y nosotros también cantábamos. Nuestros hermanos mayores nos influyeron mucho. Si se hacían los duros, nosotros los imitábamos. Si tenían una rabieta y desobedecían las normas que nuestros padres les habían impuesto, nosotros hacíamos lo mismo. Si nuestros hermanos y hermanas eran afectuosos los unos con los otros, nosotros también lo éramos.

Aprendimos a ser como las personas de nuestro alrededor, pero nosotros no éramos como ellas. Por muy bien que imitáramos su conducta, cada uno de nosotros siempre sería único. Probablemente no nos gustaba luchar como nuestros otros hermanos, quizá tampoco éramos pacifistas. No éramos unos fuera de serie en el amor como nuestro hermano mayor ni sacábamos matrículas de honor como nuestra hermana. En ese sentido no éramos triunfadores ni tampoco perdedores.

A medida que crecíamos y ganábamos experiencia en la vida, probablemente descubrimos que ni nuestros padres ni nuestros profesores eran los héroes que imaginábamos. Ni siquiera eran lo que ellos creían ser. Este descubrimiento quizá nos impactó al principio, pero luego sentimos un gran alivio. Ya podíamos dejar de intentar ser lo que no éramos.

Empezamos a aceptar la realidad, pero tal vez ya nos veíamos reflejados en el papel que representábamos. El personaje que creamos es el que estamos representando ahora. Lo llamamos yo. Es el papel con el que nos sentimos a gusto, incluso de adultos. Nuestra conducta actual está condicionada por el personaje que con tanta convicción representamos.

Es importante tenerlo en cuenta cuando afirmamos que no podemos cambiar o que los antiguos hábitos nunca desaparecen. La transformación no es tan difícil si estamos dispuestos a experimentarla. Lo sabemos muy bien, lo hemos hecho ya muchas veces. A lo largo de las décadas nos hemos ido transformando físicamente y nuestra mente se ha adaptado a las nuevas circunstancias. Construimos nuestra propia imagen a partir de las impresiones de los demás y la fuimos cambiando a medida que madurábamos.

Ninguna imagen es real, pero la manera en que nos vemos a nosotros mismos afecta realmente a nuestro cuerpo. El cuerpo está hecho de carne y hueso. Y la materia es real, al igual que los sentimientos. Al usar los elementos mágicos del cerebro para distinguir lo que es real de lo que no lo es, nos volvemos más conscientes en nuestra vida.

El tema de esta semana es el amor. Para ser más exactos, el curso entero trata de cómo hemos estado practicando lo opuesto al amor y nos hemos vuelto unos expertos en ello. La conducta humana está condicionada por dos programas. El de la vida, que se ocupa de nuestra evolución física, y el de los conocimientos.

La vida produce la materia y la va modificando con el paso del tiempo. La ordena a partir del ADN que ha creado. Nuestro ADN contiene toda la información necesaria para crear el universo vivo que constituye el cuerpo humano. Y nosotros explicamos este universo asombroso a través de los conocimientos adquiridos. Uno de los programas es la verdad… el misterio más profundo de la creación. Y el otro es una variedad de historias, todas las cuales afirman ser ciertas.

Cada uno de nosotros, como cualquier otro ser humano del planeta, estamos condicionados por nuestras propias historias. Creemos en ellas y compartimos estas creencias con las personas de nuestro alrededor. Las historias que nos contamos sobre la vida son innumerables. Las historias que nos contamos sobre nosotros mismos son pintorescas y creativas, pero una historia no es la verdad. Como mucho, apunta simplemente hacia la verdad.

A estas alturas ya podemos ver con claridad y tomar decisiones acertadas. También vemos cómo hemos llegado a este punto de nuestra evolución, en el que dudar de nuestros conocimientos nos permite ser más consciente de muchas cosas, como nos ocurrió en la adolescencia. Ahora podemos intentar ser narradores de historias más conscientes. Podemos aprender a ser espejos más nítidos. Los espejos humanos no reflejan la verdad, como ya sabemos, pero algunos reflejan la vida mejor que otros. Del mismo modo, algunas historias ayudan a recuperar la autenticidad más que otras. En calidad de espejos, podemos reflejar con más nitidez la verdad a los demás por medio de nuestras acciones y de las historias que nos contamos. Aceptamos que estamos condicionados por dos programas. Tal vez choquen el uno con el otro, pero podemos adaptar nuestras creencias para que se ajusten mejor con el programa original de la vida.

Cuestionar nuestro propio sistema de creencias exige valor. Decir: «No tengo por qué creer lo que pienso» es una buena idea. Díganlo en voz alta cuando les falte valor. También pueden añadir que no tienen por qué creer lo que piensen los demás. Sean escépticos. Cuestiónense las cosas. Así es cómo vencerán la batalla en su mente, al cuestionarse un pensamiento, una suposición… y luego otro y otro.

Día 3:

Las dudas

Había una vez un chico que creía que no era nada. Estaba tan seguro de ello que convenció a todo el mundo de no ser nada. Con el paso del tiempo, se volvió casi invisible para las personas de su alrededor. Hasta su familia apenas se daba cuenta de su presencia y pocas veces mencionaban su nombre.

Un día, mientras estaba sentado al borde de un acantilado, solo, pasó por allí un desconocido. Le echó un vistazo al chico y se detuvo.

—¿Quién eres? —le preguntó el desconocido acercándose a él.

—No soy nada —le respondió el joven sin dudarlo lo más mínimo.

—¿De verdad? —repuso el otro acercándose un poco más para verlo mejor—. No, eso no es cierto. Tú eres definitivamente algo —añadió. Y después se alejó caminando.

Las palabras del desconocido le estuvieron viniendo a la mente durante días. Empezó a plantearse la idea de que en realidad era algo. Su actitud hacía sí mismo empezó a cambiar. Comenzó a conversar con la gente y a expresar sus sentimientos. Sus vecinos empezaron a advertir su presencia de nuevo. Al igual que su familia. El chico que creía no ser nada se convenció al cabo de poco tiempo de ser algo y todos parecían estar de acuerdo con él.

A medida que el chico crecía, se convirtió en una figura popular en la comunidad. Se postuló como alcalde de su pequeña ciudad y salió elegido. Se casó con la hija de un empresario importante y formó una familia. Para él era muy importante que los demás supieran que era alguien en la vida.

Una mañana soleada, el mismo chico, que ahora ya era un adulto de mediana edad, se cruzó por la calle con un desconocido que le resultó muy familiar. El desconocido lo miró y se detuvo.

—Perdóneme, señor. ¿Quién es usted? —le preguntó el desconocido.

—Bueno, pues soy algo, claro —respondió el alcalde de la ciudad.

El desconocido se acercó a él para verlo mejor.

—¿De verdad? —respondió—. No, no, ¡usted es algo más! —exclamó. Y después se alejó andando.

A partir de aquel día todo cambió para el alcalde. Empezó a mirar en su interior y descubrió que no sabía quién era. En realidad, nunca lo había sabido. Pero un día dejó de necesitar saberlo.

Se pasaba los días paseando a solas por la ciudad. Solía ir a ver a sus vecinos para preguntarles si necesitaban algo. Pero ya no se preocupaba de lo que la gente pensaba de él. Era muy querido en la ciudad, pero él seguía siendo un absoluto misterio, incluso para sí mismo...

¡Buenos días! Es un placer estar aquí con ustedes de nuevo para revelar más misterios sutiles de la vida. Habrán advertido que he empezado la sesión con otra historia. Es la historia de un chico que creía no ser nada. Tal vez piensen que esta historia tiene que ver con la autoestima o con el poder de los pensamientos positivos.

La historia también podría estar relacionada con las suposiciones que hacemos o con las formas en que nos fallamos a nosotros mismos. Podría ser una moraleja sobre los peligros de creernos lo que pensamos. Podría ser cualquiera de estas opciones, pues todas ellas son lecciones importantes para aprender.

Tenemos que prestar atención a lo que pensamos. Lo que nos decimos en nuestra cabeza moldea nuestra realidad. No debemos hacer suposiciones ni ir en contra de nosotros mismos. Sin embargo, he contado esta historia por otra razón. Esta historia trata sobre el poder transformador de las dudas.

¿Están seguros?

En el pasado fueron niños que se creían lo que los demás les decían. A medida que su comprensión y sus conocimientos fueron aumentando, empezaron a cuestionarse las opiniones ajenas. Las pusieron en duda.

Fueran o no conscientes de ello, se estaban preparando para la importante conmoción que su realidad experimentaría. La pubertad estaba a la vuelta de la esquina y su mundo se iba a trastocar.

Con la llegada de la pubertad y del torrente de hormonas que circulaba por sus cuerpos, todas esas dudas aumentaron. Ese torrente se llevó por delante buena parte de lo que habían aprendido. Su realidad tendría que reinventarse a sí misma. Se lo cuestionaban todo. Se cuestionaban las intenciones de los demás. Y también las suyas.

El crecimiento puede ser doloroso. El cuerpo vive una conmoción y la mente acusa esta turbulencia. Tenemos pensamientos de enojo. Nos mostramos malhumorados. Estamos convencidos de que los demás la han tomado con nosotros o que nos juzgan injustamente. Es angustioso no estar seguros de lo que antes dábamos por sentado. Duele desconfiar de las personas en las que siempre habíamos confiado. Es aterrador no confiar en uno mismo. En esa etapa apenas sabemos quiénes somos.

La historia trata de un chico que sentía esta clase de dolor. Se sentía victimizado por la vida. El desconocido de la historia puede verse, supongo, como un

Eros

maestro espiritual. Aparece de repente en determinados momentos de la vida del chico y sus palabras le impactan en gran medida. Le dan al joven una mínima oportunidad para ver la realidad y cambiar.

Esta mínima oportunidad es lo mejor que cualquier maestro puede ofrecernos. Como he señalado antes, intento ofrecerte un mensaje de la mejor forma posible. Y tú procuras escucharlo y comprenderlo lo mejor posible, y hacer cambios en tu vida basándote en lo que has aprendido de este mensaje. Esta es la forma en que un maestro se relaciona con sus alumnos. Les ofrece una mínima oportunidad. La oportunidad de ver algo y cambiarlo para que sean más conscientes.

Si el maestro puede permitirse pasar años con su aprendiz, puede hacer muchas cosas para que este se cuestione sus antiguas suposiciones. Puede explicarle cada teoría y cada opinión absurdas. Le puede ayudar a desmontar la fortaleza de las creencias muro a muro, piedra a piedra. Nuestras mentiras no nos ofrecen ningún alivio ni protección. Un buen maestro guía a sus alumnos hacia la libertad y la seguridad de la verdad. Los lleva de vuelta a la autenticidad.

El chico que creía no ser nada tuvo que confiar en sí mismo para aprender las lecciones de un maestro. Se sirvió de las dudas para ser más consciente de la realidad. Todas las absurdidades que había estado creyendo sobre sí mismo le habían pasado factura. Estaba convencido de no valer nada, de no ser nada. Seguro que su mundo se tambaleó cuando aquel desconocido se acercó a él y le dijo: «¿De verdad? ¿Estás seguro?».

Pero el desconocido no solo le dijo esto, sino que además sembró la idea contraria en la mente del muchacho. Añadió: «No, eso no es cierto. Tú eres definitivamente algo». Estas pocas palabras le bastaron para llamarle la atención. Fueron suficientes para despertar su imaginación.

El chico se atrevió a plantearse una nueva idea. La probó con los demás y vio que le respondían positivamente. Al cabo de poco, ya creía que tal vez fuera alguien y esta creencia lo empujó a emprender unas acciones más relevantes. Hasta que acabó siendo «algo» muy importante en su comunidad. Ya no era el chico vulnerable del pasado. Y su confianza lo preparó para el siguiente impacto que experimentaría.

Años más tarde el desconocido regresó y sembró la semilla de la duda en aquel muchacho que ahora ya era adulto.

—¿Quién eres? —le preguntó de nuevo.

—Soy algo —le respondió el alcalde de la ciudad—. ¡Definitivamente soy algo!

—No, no. ¡Veo claramente que usted es algo más! —exclamó el desconocido.

¿Algo más? De momento no supo a qué se refería. Pero estas palabras lo empujaron a ir más allá de lo que creía ser y a encontrarse con el misterio. Y esa era exactamente la realidad de su ser. La realidad de todos. Somos un misterio interminable para nosotros mismos. Somos la vida, el mayor misterio de todos. Somos la verdad inexplicable disfrazada bajo lo que llamamos «yo».

Abandonar las certezas supone un gran reto. Pero si nos atrevemos a intentarlo, lo veremos todo de una forma muy distinta: nuestra visión sobre todas las cosas cambiará. «¡Vaya!», exclamaremos aliviados. «Por fin ya no tengo que luchar para comprobar que estoy en lo correcto! No tengo que esforzarme para ser YO!». Y al mirar alrededor veremos que todo el mundo está batallando, como nosotros hacíamos antes. Notaremos el esfuerzo que invierten para ser algo, cuando lo que realmente son es mucho más asombroso.

Cuando abandonamos todas nuestras ideas falsas, vemos lo que somos. No somos nuestro cuerpo, aunque vivamos en él. No somos nuestra mente, ni todo lo que conocemos. Somos la energía de la vida y podemos elegir cómo queremos dirigirla.

Buena parte de lo que conocíamos nos ha estado frenando y limitando. La verdad nos libera. Y al hacerlo, nos permite experimentar una nueva forma de amar.

Una nueva forma

En la adolescencia nos enfrentamos a retos inusuales. Quizá no lo recordemos, pero las dudas fueron nuestras compañeras y amigas a lo largo de esa etapa. Las dudas nos ayudaron a adaptarnos y a crecer. ¿Acaso podríamos haberlo hecho si siguiéramos creyendo en los Reyes Magos, o incluso en lo que pensábamos de nuestros padres? Es importante para nosotros crecer y verlo todo como es. Ver a la gente como es. También nos gusta que los demás nos vean como somos y que no nos juzguen como los niños influenciables que éramos.

Una de las muchas cosas que nos dan vueltas por la cabeza en la adolescencia son las pueriles ideas sobre el sexo. En aquella época tenemos todo tipo de ideas sobre el amor de los adultos basadas en lo que hemos estado observando a nuestro alrededor. Vemos la relación que mantienen nuestros padres y observamos las de sus amigos. Advertimos cómo nuestros hermanos mayores hablan de sus enamoramientos de adolescentes. Cuando somos pequeños, lo de obsesionarse por las novias o los novios y por las conquistas sexuales imaginadas nos parece de lo más absurdo.

Esas cosas no tienen sentido para nosotros, hasta que llegamos a la pubertad y empezamos a entender todas esas historias sensacionales que oíamos en la infancia. Entonces cobran sentido. De pronto, sentimos los mismos síntomas demenciales. Sentimos esa misma atracción física y también nos obsesionamos con el sexo.

En la adolescencia dramatizamos los tormentos del amor. Nos regodeamos en los celos y los desengaños amorosos. Sufrimos repetidamente en nombre del amor. Al mirar atrás, podemos perdonar nuestros deseos sexuales de la adolescencia; después de todo, éramos muy jóvenes. El problema es que esos apetitos emocionales perduran en la edad adulta.

Henos aquí, de adultos, comiendo la misma comida. Sintiendo apetito por los celos y el miedo. Le buscamos defectos y signos de rechazo a nuestras relaciones. Esperamos que nuestra pareja nos sea infiel y siempre parecemos estar preparados para los desengaños amorosos.

Estos síntomas son los restos de la adolescencia y ya va siendo hora de que nos los quitemos de encima.

En un momento de nuestro desarrollo físico, el sexo empieza a apoderarse de nosotros. No hay nada que podamos hacer para evitarlo, pero podemos dejar de contarnos historias sobre ello. Podemos dejar de considerar el sexo como un pecado o como un castigo para maltratarnos. Con el amor ocurre lo mismo, es inevitable. El amor es la esencia de nuestro ser y, sin embargo, nos contamos tantas historias acerca de él que hacemos que nos parezca complicado y temible.

La sociedad quiere ocuparse de nuestra vida sexual como se ocupó de nuestra domesticación temprana. El sentimiento de culpa y de vergüenza fueron unas herramientas eficaces en aquella época y acabamos aprendiendo a usarlas en nuestra contra. Pero ya no somos unos niños. Ahora estamos despiertos y somos conscientes, y podemos tomar decisiones conscientes sobre cómo amamos y a quién amamos. Podemos hacer elecciones distintas, sin juzgarnos o temer que los demás nos juzguen.

La mayoría de personas sacaron conclusiones sobre el sexo en la adolescencia y también sobre su propia imagen. Descubrieron modos de contarse su propia historia y de perfilar a los protagonistas. Decidieron lo que significaba ser un hombre o una mujer. Pero ten en cuenta que han estado siguiendo los ejemplos de personas que están tan confundidas como ellas. Las dudas tienen su papel a la hora de ayudarnos a verlo todo con mucha más claridad.

En la historia del chico y el desconocido, el héroe apenas cuenta con ayuda. Obtiene un nuevo punto de vista de una fuente lejana. Los seres que nos aman intentan, por supuesto, ayudarnos. Nos dicen que somos mejores de lo que creemos, pero la sabiduría se acepta más cuando llega de fuera. En realidad, una idea transformadora puede venir de cualquier parte. Puede llegar de una valla publicitaria o de una conversación oída por casualidad en un café. O de una película o un cómic. También puede surgir de nuestra sabiduría innata… o de la sabiduría de un desconocido. Lo importante es poner esta idea en acción.

Para ser más conscientes, debemos cuestionarnos las creencias que nos inculcaron de pequeños. Quizá ni siquiera nos demos cuenta de algunas de ellas, ya que han acabado formando parte de nuestra realidad. Como ahora sabemos, la mayoría de nuestras creencias actuales nos las impusieron cuando éramos demasiado pequeños y no podíamos elegir. Nos sembraron una serie de ideas en la mente en una época de inocencia y esas ideas acabaron arraigando en ella. Se volvieron más robustas. Fueron consolidándose hasta parecer demasiado evidentes como para cuestionárnoslas.

Quizá recuerden la decepción que se llevaron al descubrir que Papá Noel y sus elfos eran los personajes de un mito. Como la mayoría de niños, se quedaron impactados al ver que les habían engañado. Cuando descubrieron que habían creído en una mentira, quizá se enojaron y se sintieron dolidos. Lo más probable es que se sintieran decepcionados.

Las historias que nos creemos de niños no son las mismas que nos creemos de adultos, pero incluso ahora seguimos creyendo en algunas que resultan dudosas. No nos cuestionamos la mayor parte de lo que oímos. Aceptamos la mayoría de la información que leemos. Por lo visto, queremos confiar en algo, en lo que sea, aunque no tenga ningún sentido.

En la edad adulta, creemos en cosas con la misma convicción que sentíamos cuando creíamos en Superman, Batman o el ratoncito Pérez. Tenemos unas opiniones firmes. Estamos convencidos de ellas y se las imponemos a otras personas. Nos olvidamos de poner en duda o de cuestionarnos nuestras suposiciones habituales. Por eso nos aferramos a su verosimilitud como si fuera una balsa salvavidas, esperando que nos mantenga a flote en los tempestuosos mares de la vida.

Y también nos aferramos a algunas de nuestras antiguas ideas sobre el amor. Nos animaron a reservar el amor para personas especiales y en ocasiones especiales. Incluso en la niñez supusimos que solo debíamos amar a quienes nos amaban. Y esta suposición se fue volviendo más sólida a medida que crecíamos. Y, evidentemente, a la mayoría nos enseñaron a amar con condiciones.

Incluso ahora no nos gusta dar más amor del que recibimos. Llevamos un cálculo mental de cuánto amor alguien da a otra persona, como si el amor se pudiera medir o tasar. Con demasiada frecuencia, el amor es una herramienta de regateo. Se usa como medida de presión o de castigo. Se usa como arma cuando una pareja sigue haciéndose daño y le echa la culpa al amor.

Esta actitud nos lleva directamente al problema: no sabemos amar. El amor condicional no es amor, así que observen cómo aman a sus seres queridos. Imaginen cómo los podrían amar de una manera mucho más generosa. Abandonen algunas de sus defensas y sientan la alegría de amar, simplemente, sin esperar nada a cambio. Pídanle a su mente que haga lo que hace al practicar sexo, es decir, que deje de pensar y se entregue a la vida.

La mente, por más rígida que haya sido hasta este momento, puede ser un terreno fértil para las ideas nuevas. El conocimiento puede ser nuestro sirviente en lugar de nuestro amo. La vida se ocupará del resto. Y entonces puede ocurrir cualquier cosa.

Un nuevo sol

Veamos más a fondo el tema de las ideas nuevas. Ya se han dado cuenta de hasta qué punto han creído en el protagonista de sus historias. Se mantienen leales a las excentricidades de sus personajes. Repiten un diálogo conocido y siguen conservando su repertorio de actores conocidos. Cualquier cambio en el guion les parece deshonesto. Tal vez se lo parezca, pero no es así.

Hemos creado una imagen que no es real ni confiable, como tampoco lo es la imagen que los demás tienen de nosotros. Esta imagen quizá refleje la verdad, pero no es la verdad. Cualquier conocimiento refleja la verdad con mayor o menor precisión, pero el conocimiento no es la verdad. Lo que creemos saber sobre el amor no es la verdad sobre el amor, por eso el amor con frecuencia nos hace infelices.

Cuando afrontamos nuestras mentiras y nos desprendemos de algunos miedos irracionales, empezamos a ver el mundo de una manera muy distinta. Antes me he referido al sistema de creencias como una fortaleza. No es necesario derribar la fortaleza, basta con desmontarla, idea a idea. Podemos descartar algunas historias sin sentido. Establecer distintos acuerdos con nosotros mismos y empezar a ver la vida como es. Para empezar, escuchen cómo piensan y cómo se comunican. Escuchen sin juzgarse hasta reconocer la voz del conocimiento hablando a través de ustedes.

Aprendan a usar el conocimiento como una herramienta. Hasta ahora ha sido un tirano en sus vidas. Tal vez nunca se hayan cuestionado lo que escuchan de él, pero pueden empezar a hacerlo. Ocúpense de sus pensamientos y palabras. Procuren distanciarse un poco del protagonista de su historia y mantengan una relación más estrecha con la verdad.

Esto podría suponer un nuevo comienzo para ustedes. De eso tratan los mejores mitos que nos han contado siempre: de nuevos comienzos. La destrucción de viejos mundos y el surgimiento de otros nuevos juegan un papel importante en la narración de historias. Por ejemplo, otro mito procedente de un hemisferio distinto al de la Grecia antigua le ofreció a la humanidad unas lecciones transformadoras.

La mitología azteca afirma que el mundo fue creado y destruido en muchas ocasiones antes de la aparición del nuestro. Aquellos mundos se llamaban soles. Según la leyenda, fueron necesarios varios intentos para crear por fin el mundo que hoy conocemos. Cuatro grandes eras, o soles, precedieron a la actual, y cada una de ellas se extinguió debido a acontecimientos catastróficos. Huracanes, incendios, terremotos e inundaciones hicieron que cada intento de creación tuviera un final trágico.

En la mitología, las inundaciones y los incendios significan la transformación. Los terremotos sugieren un cambio dinámico. Los soles aztecas simbolizan cambios en nuestra evolución como especie. Y lo más importante es que son metáforas de nuestra evolución personal como individuos.

Cada uno de nosotros vive transformaciones espectaculares a lo largo de la vida. En el momento de nuestra concepción nos transformamos de un cigoto a un embrión en proceso de crecimiento. En el momento de nacer nos transformamos de criaturas anfibias a mamíferos que respiran. Más tarde cambiamos de niños a adolescentes llenos de hormonas y, después, a adultos. Nuestra vida está hecha de innumerables comienzos y finales. Sobrevivimos tanto a cambios triviales como traumáticos para convertirnos en algo diferente, en otra cosa.

A medida que nos adentramos en lo que los aztecas de la antigüedad llamaban la era del sexto sol, el planeta está cambiando. La humanidad está cambiando. Y lo más importante es que nosotros estamos cambiando. Estamos mirando dentro de nosotros. Hemos vivido ya muchas «muertes» y nos estamos adaptando a cambios que quizá no esperábamos. Nos estamos cuestionando nuestras creencias arraigadas. Estamos cambiando nuestra forma de pensar y de reaccionar. Y mientras tanto estamos recuperando la autenticidad.

Al igual que la propia creación, hemos ido evolucionando en etapas. Nos fuimos desarrollando, célula a célula, según el programa de la vida. Como una semilla, fuimos avanzando hacia la luz… empujamos, nos detuvimos y empujamos de nuevo. A su debido momento, a base de estirones regulares, nos volvimos más fuertes. Nos volvimos maduros, fértiles y preparados para sembrar nuestras propias semillas.

Y cada día seguimos avanzando hacia la verdad. Hemos decidido conocernos mejor a nosotros mismos. Nos escuchamos y nos cuestionamos nuestras suposiciones más básicas. Empujamos. Nos pillamos en una mentira. Puesto que no es cómodo para la mente cuestionarse a sí misma, tal vez nos detenemos. A lo mejor retrocedemos y descansamos.

Poco a poco vamos cambiando nuestra forma de conversar con nosotros mismos. Nos cuestionamos las historias que nos contamos. Nos acercamos un poco más a la realización. Empujamos y luego nos detenemos. Y volvemos a empujar. La creación tiene lugar precisamente de este modo.

Lleva su tiempo advertir los cambios, pero al final se vuelven evidentes. Empezamos a reaccionar de otra manera ante las provocaciones corrientes. Manejamos las situaciones de la vida cotidiana de distinta manera. Vemos la motivación que se esconde detrás de cada historia, de cada creencia. Juzgamos menos que antes a los demás. Y a nosotros mismos también. Nos respetamos más. Empezamos a sentirnos más relajados, incluso más ligeros. Sentimos como si estuviéramos colaborando con la propia vida.

Y es cierto: si estamos dispuestos a abandonar las actitudes rígidas, el mundo nos parecerá un lugar más acogedor. La vida, esa fuerza enigmática, dejará de ser una peligrosa desconocida. En lugar de parecernos nuestra adversaria, será nuestra mayor cómplice. Esto es lo que significa ser «algo más».

¿Qué le ocurrió a ese chico, a ese hombre que dejó que las dudas lo ayudaran en su transformación? Su vida siguió siendo más o menos la misma, pero dejó de sentir la carga de tener que ser algo, o nada, o de tener que representar un papel. Me gustaría pensar que buscó a aquel desconocido, deseando expresarle su agradecimiento. Me imagino a los dos tomando una taza de té juntos por la tarde, charlando y riendo de igual a igual.

Dos maestros pueden conversar sobre cualquier cosa. Ningún tema crea una disputa entre ellos, escuchan cada punto de vista con respeto. Conversan sobre la vida y la muerte, la verdad y las mentiras. Sobre lo real y lo irreal... y sobre el amor. Mientras conversan ven la verdad reflejada en los ojos del otro. Oyen el silencioso fluir de la vida bajo sus conversaciones.

Nosotros somos vida. Somos amor que palpita silenciosamente a través del sonido de las palabras. Somos el misterio incognoscible, que asume que sabe cosas. Hete aquí, jugueteando con la materia durante un minuto o un siglo. Claro que tenemos el tiempo suficiente para descubrir la verdad de nuestro ser. Tenemos un montón de tiempo, pero no desperdiciemos ni un solo instante.

Una mínima oportunidad

Ahora hablaré sobre el tema de cambiar tu mundo. Nuestro mundo particular es la realidad que creamos con nuestras palabras e ideas. Es un mundo virtual y, como es virtual, se puede cambiar. Podemos modificar su rumbo para que nos lleve a un destino nuevo.

La mayoría de personas pierden su seguridad al llegar a la pubertad. Desde entonces luchan con ideas nuevas y emprenden acciones rebeldes. Representan distintos papeles hasta elegir el que más les funciona. Y después se quedan con una cómoda (o no tan cómoda) idea de sí mismos.

Podemos quedarnos apalancados en esa idea. Podemos resistirnos a cambiar, pero los acontecimientos y las circunstancias seguirán haciéndonos perder el equilibrio. Algunos episodios alterarán el rumbo de nuestra vida y nos recordarán que no somos lo que creemos. Si estamos dispuestos a ser flexibles, podremos prepararnos para la siguiente conmoción de la vida, y para la otra.

Tal vez ya hayan vivido otra oleada de dudas. Pongamos que han formado una familia, pero no están seguros del futuro que les espera. Quizá se han desilusionado con su relación de pareja, su trabajo o el curso que está tomando su vida. Si han sufrido algún tipo de trauma, tal vez les asalten las dudas. Puede que empiecen a dudar de todo —de sí mismos, de su propia valía, de su realidad— y se vean obligados a mirar en su interior.

La adolescencia ha quedado atrás. El sistema de creencias de la edad adulta ya está consolidado y todo el mundo lo conoce bien. Los nuestros creen conocernos. Piensan que nos conocemos a nosotros mismos. Cualquier cambio que vivamos ahora puede aterrarnos, y a nuestros seres queridos les puede parecer más aterrador aún. Sin embargo, los cambios se seguirán dando. Recordemos que la vida es movimiento.

El cuerpo necesita moverse, pero la mente también. Al igual que los sentimientos. A medida que la mente se cuestiona a sí misma para evolucionar, las emociones aprenden a independizarse de los pensamientos. Lo repetiré de nuevo: las emociones pueden existir independientemente de los pensamientos.

Tal vez no hayan advertido nunca cómo el cuerpo prevé un proceso mental. Algo ocurre y el cuerpo reacciona antes de que decidamos conscientemente reaccionar. ¿Les resulta familiar? El cuerpo aprendió a leer los pensamientos hace mucho tiempo. Las opiniones son predecibles, las justificaciones siempre son las mismas.

El cuerpo prevé nuestra narrativa, al igual que un niño vulnerable prevé a su acosador acechando en el pasillo del colegio. Imaginemos que somos ese niño. Esperamos que aparezca el tirano de siempre y nos dé un puñetazo en el brazo, es lo que ocurre cada día. Nos amenaza en el recreo y ya se ha convertido en una rutina. Nos encogemos, nos quejamos, pero no podemos echar a correr. Nuestro cuerpo tampoco puede huir de los intimidantes procesos mentales habituales. Pero los ve venir y responde incluso antes de que se formen esos pensamientos.

Al igual que rechazamos muchas historias que oímos de niños, podemos desprendernos ahora de las historias que nos contamos mentalmente. Cambien su forma de hablar consigo mismos. Escuchen el lenguaje que emplean. Tal vez les impacte lo que oyen, y eso es de lo que se trata. Es bueno que les impacte. Es bueno reconocer que cometen despreocupadamente crueldades contra sus cuerpos. Dejen de hacerlo. Cambien sus diálogos internos. Mantengan una conversación afectuosa y solidaria consigo mismos. Inicien un diálogo entre dos viejos amigos —su mente y su cuerpo— y hagan que reine la confianza.

Han estado viviendo de forma automática buena parte de sus vidas. Han estado secuestrados por sus emociones sin darse cuenta. Ahora pueden ser más sinceros consigo mismos. Pídanle a su cuerpo que espere, no tiene por qué anticiparse a ustedes. Permítanle ignorar todos los pensamientos que le gritan. Pídanle que aguarde a que se hayan calmado y puedan reaccionar de manera razonable. Denle un respiro a sus cuerpos, esos niños vulnerables.

Ahora vemos que las dudas siguen jugando un papel en nuestra evolución como adultos, pero hay que tener en cuenta lo siguiente: la transformación se da cuando empezamos a dudar de lo que conocemos y no de lo que somos. El cuerpo es una copia exacta de la vida, contiene los mismos elementos que cualquier otra forma de vida. En nuestro interior discurre la inconfundible corriente de la vida que no se puede cambiar ni mejorar. La transformación significa que la mente se vuelve más consciente de sí misma. Y empieza a hacerlo al dudar de muchas de las ideas fundamentales que la estructuraron.

Ya nos hemos servido de las dudas para cambiar nuestra forma de definirnos. Ahora las podemos usar para que nos lleven a una transformación real. Sí, podemos dudar del valor de las tradiciones y de las suposiciones automáticas, pero no olvidemos esto: no debemos dudar nunca de la verdad de nuestro ser.

La fe en nosotros mismos nos permite amar lo que somos, sin condiciones, y dirigir ese amor hacia todas nuestras relaciones. Nuestros miedos en cuanto al amor son los mismos que sentimos al mirar hacia nuestro interior. Tal vez nos aterre mirar en nuestro interior con tanto detenimiento, ya que no sabemos lo que descubriremos. A lo mejor somos reacios a escuchar nuestros pensamientos o a cuestionarnos nuestras creencias. Tal vez encontremos excusas para volver a dormirnos.

Presten atención a esta clase de pensamientos: «Si cambio mi forma de pensar, ¿quién seré yo entonces? Si soy más auténtico, ¿cómo me moveré por el mundo? Si cambio, ¿me juzgarán o rechazarán los míos?». Fíjense en cómo un pequeño cambio les asusta y de qué modo puede ese miedo animarles a representar el papel de víctimas. Obsérvenlo y enfréntense a cualquier miedo que tengan. Afronten sus temores y vénzanlos.

Vernos como víctimas nos hace reaccionar de la peor forma posible ante los retos más comunes de la vida. Y, sin embargo, a veces decidimos hacerlo. Dediquemos un momento a preguntarnos por qué es así.

¿Por qué, por ejemplo, deseamos dar pena a los demás? ¿Por qué queremos seguir teniendo miedo? ¿Qué es lo que nos impide confiar en la vida, querernos totalmente? Dediquemos unos momentos a hacer balance y preguntémonos por qué nos resistimos a cambiar. Es decir, tenemos que darnos una mínima oportunidad.

La humanidad siempre ha tenido la respuesta para las preguntas más apremiantes sobre el amor. Además de las historias de desengaños amorosos y venganza, también existen los relatos clásicos de un amor eterno e incondicional. Se han escrito himnos al encanto y la bondad del amor. Proclamamos el poder redentor del amor. Ser altruistas y generosos nos sale de manera instintiva.

Siempre hemos sabido la respuesta. Siempre hemos intuido la verdad, pero no nos gusta cuestionarnos nuestras mentiras. Nos da miedo ver más allá del símbolo del amor, o incluso repararlo, pero esto puede cambiar. Tú puedes cambiarlo.

En cualquier momento de la vida podemos afrontar nuestras antiguas suposiciones y ver el mundo con más claridad. Podemos cambiar nuestras percepciones y reflejar la verdad con más fidelidad. Podemos querernos incondicionalmente. Podemos compartir nuestro amor con naturalidad y sin miedo.

El paraíso fue nuestro en el pasado. Al principio estábamos enamorados y no teníamos ninguna duda. No éramos un símbolo del amor. Éramos amor bajo la forma de un ser humano. Eros, el héroe de la historia de todos, fue en el pasado la encarnación del amor, como nosotros. Hasta que acabó simbolizando otra clase de amor, pero esto también se puede cambiar.

Se puede redimir al amor a través de nosotros mismos y de nuestra forma de relacionarnos con cada aspecto de la vida. Al reparar el símbolo, corregimos la mentira. Al redimir a Eros, nos salvamos a nosotros mismos.

Día 4:
La redención

Hace mucho, muchísimo tiempo, un ciervo vivía en un bosque maravilloso. La magia fluía de su gran corazón y vibraba por todo el bosque, llegando a cualquier animal, flor y pájaro. Los árboles crecían más altos y florecían envueltos en esta calidez. En el reino natural del ciervo había equilibrio y armonía, pues compartía el poder de la vida con cualquier ser vivo.

Cerca de la linde del bosque vivía una joven. Era lista y fuerte, y siempre había sido feliz. Pero el deseo de poder empezó a dominarla. Se pasaba los días buscando al gran ciervo, cuya magia era famosa en todas partes. Se pasaba las noches soñando con el momento en que lo atraparía y sentiría su poder.

Su obsesión se volvió tan fuerte que dejó de ser feliz. Poseída por la angustia, construyó un robusto cobertizo de madera con un techo de ramas entretejidas y una gruesa puerta de roble. Cada mañana dejaba en su interior cereales y frutos del bosque frescos, esperando que el rey ciervo se metiera dentro atraído por el manjar. Y una cálida noche de verano sus esfuerzos se vieron recompensados.

Al volver a casa ¡vio al ciervo plantado dentro del cobertizo! El animal no se asustó por su presencia. Levantó su noble cabeza y la saludó moviendo las astas de un lado a otro. Y siguió comiendo los cereales que ella le había dejado. Conteniendo la respiración, la joven se acercó sigilosamente y cerró de golpe la puerta del cobertizo. Echó el cerrojo y retrocedió. ¡Ya era suyo! ¡Tenía la magia del ciervo en su poder! ¡Sería la mujer más admirada de su tierra!

El majestuoso ciervo estuvo todos los meses de otoño encerrado en el cobertizo. La joven lo alimentaba y cuidaba bien. El ciervo no le pedía nada, ni tampoco intentó escapar. Le habría bastado con dar una coz o pegar un salto para liberarse, pero no se resistió a su captora. Con el paso del tiempo el bosque se fue volviendo cada vez más oscuro y triste. Los árboles, los animales y los pájaros se sentían inquietos. La animada música que se oía en el pasado en medio del boscaje dejó de sonar.

Con la llegada del invierno la joven también se volvió más seria. El magnífico ciervo que tanto había admirado ya no era el rey del bosque ni corría orgullosamente por las relucientes colinas. Había dejado de ser esquivo o misterioso. Poseerlo ya no le producía ninguna alegría.

Un día de primavera la joven se levantó de la cama y se dirigió al cobertizo. Contemplando al ciervo, vio con claridad lo que había hecho. El trofeo que tanto había anhelado no era el premio que había obtenido y se echó a llorar desconsoladamente al verlo. Mientras el ciervo vivía en libertad, había sido todo cuanto ella quería y amaba. Pero ahora ella había perdido el esplendor de su propia vida al robárselo al ciervo.

Su corazón egoísta se empezó a abrir con amor. Con los ojos empañados de lágrimas, descorrió el cerrojo y abrió la puerta de par en par. Dando un salto imponente, el ciervo se lanzó a la niebla matutina y se alejó brincando hacia el bosque. Casi de pronto, el sol se asomó entre la bruma e iluminó el bosque entero. Los arrendajos se pusieron a gorjear y los cálidos vientos agitaron las ramas de los sauces. Las ardillas empezaron a charlar de nuevo alegremente y los colibríes se lanzaron al interior del cobertizo abierto, haciendo que este pareciera innecesario y pequeño.

La joven sonrió de pronto, con los ojos aún llorosos. Ella también había sido pequeña. Había sido egoísta y su afán de poder la había cegado ante la verdad. Su obsesión le había arrebatado el delicioso placer de maravillarse y su instinto de amar.

Al final, la paciencia del ciervo había sido recompensada con la compasión y el amor. Al devolverle la libertad, la joven se había ganado el respeto del ciervo y el de innumerables criaturas. Su agradecimiento la motivó a ser más generosa y el bosque la alimentó y protegió hasta el fin de sus días.

¡Buenos días! Como ven, he empezado el día con otra fábula. Podría ser un cuento para contárselo a un niño pequeño a la hora de acostarse, pero la he ofrecido a la luz del día, con su plena comprensión de adultos. Se la he contado a adultos con mentes que disciernen.

Esta historia no es un tributo a un poder superior masculino. También podría haber tratado de una joven carismática capturada por un joven admirador. En ese caso, los dos habrían sido muy infelices por culpa de la obsesión. La historia no tiene nada que ver con una persona que controla a otra del sexo opuesto, sino que trata de la redención.

Ayer mencioné el poder redentor del amor. Todos conocemos esta lección. La vemos en los cuentos de hadas y en la literatura clásica. El héroe no sabe qué hacer en la vida, se enoja y se vuelve autodestructivo, pero se redime por medio del amor. Quizás esta historia ha tenido lugar también en sus vidas. Tal vez sintieron que el amor les había decepcionado. A lo mejor todavía esperan que el amor les salve. También es posible que no vean una conexión entre sus vidas y la idea de redención.

¿Por qué he decidido usar la palabra «redención»? La redención consiste en recuperar algo o en devolver algo a su estado original. Tiene que ver con cumplir una promesa o con respetar un acuerdo. La palabra «redención» se suele emplear en un contexto espiritual, pero también se aplica a las acciones cotidianas. Han estado practicando el arte de la redención desde la niñez.

¿Cuántas veces mientras crecían tuvieron que aceptar un castigo, o hacer una tarea, para redimirse a los ojos de sus padres? Cuando se portaban mal, les quitaban algo, tal vez un juguete, un privilegio o salir por la noche con sus amigos. Y cuando se portaban bien, les devolvían tus privilegios.

¿Y qué hay de las ocasiones en que acordaron pagar en el colmado de su barrio una cantidad extra de dinero por un refresco? Disfrutaban de la bebida y después de tomártela entregaban la botella vacía. Y ellos les devolvían el precio del envase. Ustedes cumplían con su parte del acuerdo y la tienda con la suya. El equilibrio se recuperaba.

La redención también ha jugado un papel de otras formas en nuestras vidas. Redimimos una relación al disculparnos con un amigo. Volvimos a confiar en nosotros mismos al superar una dificultad. Seguimos comportándonos generosamente con las personas a las que hemos ofendido. La redención se puede aplicar al gesto más sencillo. También puede tener unos efectos transformadores en nuestra vida.

Eros, el héroe mitológico, nos representa a cada uno de nosotros. Su redención representa algo profundo. Sí, sigo hablando de encontrar el equilibrio. Y de devolverle al amor su estado original y puro. Pero esta lección trata de nuestra vida en particular y de la plenitud que sentimos cuando nos amamos incondicionalmente. Estoy hablando de nosotros, de regresar al paraíso.

La mentira del amor

Quererse totalmente, sin condiciones, es el paraíso. Así comenzó la vida humana. En el pasado no hacíamos distinción alguna entre el cuerpo y el universo de nuestro alrededor. No teníamos conocimientos, ni pensamientos, ni opiniones. No había voces en nuestra cabeza. No había conflictos interiores. Lo captábamos todo. Lo sentíamos todo y experimentábamos amor en todo.

Y por esta razón ejercíamos un poderoso efecto en quienes nos rodeaban. Pero con el paso del tiempo cada persona empezó a influirnos. Comenzamos a creer que el amor estaba fuera de nosotros y quizás incluso más allá de nuestro alcance. Pero así no fue como empezamos. Antes de que nos enseñaran a competir para recibir amor, éramos amor.

Querernos es nuestra redención. Amar al resto de la humanidad es el resultado natural de ello. Los seres humanos estamos atrapados en nuestras ilusiones sobre el amor, pero nos queremos liberar. Y esto es evidente. Se ve en los sentimientos que tenemos por nuestros hijos y nuestra pareja. Se ve en la compasión que sentimos por los demás. Se ve en nuestro enfoque espiritual ante la vida. Se ve simplemente. Y entonces nos olvidamos de nosotros mismos.

Pensar que el amor es escurridizo crea copias distorsionadas del amor. Eros y sus parejas míticas son héroes en las narraciones de las historias clásicas. Simbolizan la clase de amor que hemos llegado a entender y expresar en la vida cotidiana. Es la clase de amor que hemos aprendido a esperar en la vida: esperamos los desengaños amorosos. Esperamos los dramas. Esperamos que el rechazo nos arroje a la oscuridad más profunda y con frecuencia así es. Desear vengarnos se considera una respuesta saludable al rechazo. Los celos se ven como algo normal. Estas son las lecciones que hemos aprendido de los más grandes mitos de la humanidad.

Aprendemos aplicadamente estas lecciones. Como la joven de la historia, vemos el amor como algo que hay que perseguir y conquistar. Lo echamos a perder con nuestros juicios y nuestra falta de respeto. Convertimos el amor en una competición por el poder, en una negociación. Lo convertimos en un juego de términos y condiciones. Amamos «si»... Amamos «mientras»... Amamos «hasta»...

La historia del ciervo se puede contar de distintas formas. Se puede contar en un contexto moderno, de una manera que todos la entendamos en la actualidad. Por ejemplo, imaginen a un hombre que quiere conquistar a una mujer. Ella no parece estar interesada en él, pero el hombre está seguro de que acabará conquistándola, de que llamará su atención. A la menor oportunidad, charla con ella, pasa tiempo con ella. La mujer lo capta, pero sigue sin estar interesada en él.

El hombre les pide a las amigas de la mujer que lo ayuden. Va a las mismas fiestas que ella. Se muda al edificio donde la mujer vive. Crea una versión distinta de sí mismo, la que cree que le gustará a ella. La mujer acaba respondiendo a la imagen que el hombre se ha creado. Lo invita a su casa. Se pasan la noche conversando y tomando vino, hasta que al final acaban acostándose juntos.

Ahora imaginen que lo primero que le dice el hombre por la mañana es: «Eres mía. Te poseo. A partir de ahora no quiero que veas a nadie más». Se lo dice con cariño, quizás incluso de manera sexi, pero se lo dice.

Ella lo oye. Él acaba de revelarle el motivo de todo su esfuerzo. Es una especie de trofeo para él. La ha conquistado para sentirse importante. Para poseer lo que anhelaba, pero esto no es amor.

Ahora el hombre cree haberla conseguido. Pero en cuanto la noche toca a su fin, las ilusiones de la mujer también se desvanecen. Se va del dormitorio sin dudarlo, sabe que no le pertenece a ese hombre. Nunca soñó con ser la propiedad de nadie, sabe que no es más que la obsesión de ese hombre. Ha sido la trama de una historia que él no ha dejado de contarse a sí mismo, su cuento de hadas privado, basado en mentiras. El hombre acaba de perder para siempre lo que imaginó conseguir (pero que no consiguió).

Pocas son las relaciones que sobreviven al egoísmo de una pareja. Podemos mentirnos a nosotros mismos, pero cuando somos deshonestos con el sueño de otra persona, pagamos un precio. Las ilusiones se rompen. Los corazones sufren. Perdemos todo lo que queríamos por lo que creemos haber ganado. Y tarde o temprano la persona defraudada se vuelve en contra nuestra.

Como he señalado, el cuento del ciervo es simple, su sencillo mensaje es aplicable tanto a hombres como a mujeres. Nuestro cuerpo sabe cuándo alguien nos atrae. Nuestra mente nos lo justifica. Si no somos sinceros en cuanto a nuestras intenciones, un día iremos en contra de la verdad y esto nos destrozará.

Si queremos ser más conscientes, tenemos que afrontar nuestros miedos secretos y nuestros desengaños. Tenemos que admitir algún día que nuestros actos no estuvieron inspirados por el amor. El amor no fue más que la excusa.

La cualidad del amor

Como han descubierto, los seres humanos somos narradores de historias. Nos contamos historias sobre nosotros mismos y los demás. Sobre lo que vemos y lo que soñamos ver. Hablamos de lo que sabemos y de lo que ignoramos. Y con frecuencia, hablamos de lo que no se puede conocer.

Para muchas personas, el amor no es más que una fantasía romántica. Creen que el amor es importante para las mujeres, pero no para los hombres. Creen que los hace débiles y crédulos. Afirman que el amor no es más que un puñado de estupideces románticas y que no debe distraerlos de lo que realmente importa en la vida.

«¿Acaso el amor paga las facturas?», sostienen. «¿Acaso el amor nos pondrá un plato sobre la mesa o les permitirá a mis hijos ir a la universidad? ¿Existe siquiera el amor?». También afirman: «No se puede vivir solo de amor». Insisten en que todos tenemos otras cosas mejores que hacer que buscar el amor o sufrir sus consecuencias. «Afrontémoslo, ¡nunca nos basta con el amor que tenemos!».

Vemos el amor a través de unos filtros muy extraños. Lo vemos como si estuviéramos contemplando el mundo reflejado en la superficie de una olla quemada y abollada. No lo vemos en absoluto como se supone que es. Visto en un espejo combado, el amor parece una insensatez e incluso se nos antoja feo. Puede resultarnos amenazador. Y asemejarse al odio o al miedo.

¿Es el amor todo cuanto necesitamos? ¿Nos basta con él? ¿Existe siquiera?

El amor es lo único que existe. El amor es todas las emociones fundidas en una. El amor es la fuerza que nos mantiene vivos y, sí, el amor es el plato sobre la mesa, los hijos y las facturas. El amor es la pasión y la ambición. El amor es cada negación y cada duda. Nuestras historias convierten el amor en un estúpido cuento de hadas o en un desengaño amoroso. Una historia mal contada convierte el amor en un pequeño reflejo de sí mismo.

Usen su fabulosa imaginación por un minuto. Imaginen la energía pura que fluye por sus cuerpos: por la carne, los huesos y la sangre. Mientras fluye por la materia, se podría decir que está siendo filtrada o procesada. Se convierte en la clase de energía que mueve tu cuerpo y estimula tu mente.

Imaginen ahora la energía siendo filtrada por una narrativa. La energía es la fuerza que mantiene vivo el cuerpo y también estimula la imaginación y el intelecto. Pero imaginen la energía filtrándose por innumerables escenarios de pensamientos y preocupaciones, como el suelo empapado de lluvia. ¿Cómo iba a salir tan pura, poderosa e inmaculada como la energía que penetró en ustedes?

El amor entra en ustedes cada vez que respiran y con cada rayo de luz. ¿Y ustedes cómo lo irradian? ¿Qué historias de las que se cuentan bloquean sus expresiones de amor? El amor se filtra por nuestro ser y sale de él en forma de sonidos y sílabas. Se convierte en la historia de Eros, en una pintoresca distorsión de la verdad. Y, sin embargo, Eros sigue dirigiendo el drama humano, donde cada uno de nosotros representamos el papel de víctima romántica o de cruel abusador, o ambos.

A veces maltratamos a los seres que amamos simplemente porque podemos hacerlo. Les faltamos el respeto, al igual que somos irrespetuosos con nosotros mismos. Vemos a nuestra pareja como una prolongación nuestra y no como el ser único e independiente que es. Queremos que el amor sea recíproco. Queremos que nos aprecien. Para hacer llegar este mensaje decimos un montón de absurdidades.

«¡Después de todo lo que he hecho por ti!», exclamamos a veces soltando exactamente estas palabras. «¡Deberías estar agradecido!», insistimos. «¡Podría salir con cualquier persona que quisiera!», exclamamos por miedo. Reaccionamos movidos por la inseguridad. Nos tratamos como naciones hostiles: esperando la paz, pero preparados siempre para la guerra.

Eros no sabe que se está convirtiendo en lo opuesto al amor, pero la prueba está en sus acciones. Su clase de amor pone reglas y condiciones. Su amor es egoísta y ególatra. Quiere poseer y controlar. El amor que Eros representa hace que queramos rebelarnos contra el amor y soltarlo a diestro y siniestro en el mundo. Pero como deberíamos haber aprendido en la adolescencia, cuando nos dejamos llevar por el enojo solo nos hacemos daño a nosotros mismos.

Al castigar a alguien por habernos rechazado, nos rechazamos a nosotros mismos. Cuando herimos a alguien, lo estamos animando a herirnos. Cuando traicionamos a los demás, lo más probable es que nos traicionen. Cuando le mentimos a alguien, es más fácil que nos mientan. Así pues, el verdadero pecado es ir en contra de nosotros mismos.

Nuestro sufrimiento no viene solo de las acciones indebidas que cometemos contra nosotros mismos, sino que todo lo que les hacemos a los demás nos afecta directamente. Las acciones que emprendemos en nombre del amor no son siempre actos de amor. A menudo son lo contrario, lo cual significa que nos llegarán de vuelta y nos harán sufrir. Negarnos a amar con valentía y sinceridad solo aumenta nuestro sufrimiento.

El amor es la energía creativa de la vida. Cómo salga de nosotros depende de nuestras elecciones y acciones, de modo que tiene sentido intentar mantener el cuerpo lo más sano posible. También tiene sentido liberar a la mente de obstáculos, de miedos irracionales y de juicios de valor. Dejemos que la mente sirva al cuerpo. Dejemos que nuestras palabras y nuestras intenciones sirvan al cuerpo en lugar de obligarlo a servirlas.

Sé que el amor incondicional puede parecer intimidante e incluso inalcanzable. La mayoría de personas están tan poco acostumbradas a sentir la intensidad del amor que se encogen al experimentarlo. Miran para el otro lado. Huyen. Se rinden. Le echan la culpa al otro por quererlas demasiado o por ser más valientes que ellas en el amor. Y, precisamente por eso, a menudo le fallan a su pareja en una relación importante. Hacen que los demás se alejen de ellas o son incapaces de seguir con alguien que les ofrece un amor real.

Esta clase de conducta afecta a cualquier relación. Nuestros amigos más cercanos tal vez se cansen de intentar llegar a nosotros. Nuestra pareja más íntima se siente abandonada. Los hijos, programados por la vida para adorarnos, no sienten que los adoremos. Se vuelven distantes, al igual que nosotros lo somos con nosotros mismos. Al final, vemos que algo va muy mal, pero no sabemos qué es, y esta puede ser la oportunidad para entendernos mejor.

En un momento de claridad podemos hacer balance. Podemos dejar de justificarnos. Podemos dudar de todo lo que creemos y sentir la fuerza absoluta del amor, quizá por primera vez. Nuestros pensamientos nunca importaron. Al igual que nuestras opiniones.

Nuestro estilo de vida y nuestro estado social tampoco importa. Nuestras teorías y nuestra filosofía solo importan si nos llevan de vuelta al amor. Pero nunca podrán explicar realmente el amor.

Intentar explicar qué es el amor es como intentar explicar el misterio de la energía. La vemos actuar a nuestro alrededor. La vemos en el paso de las estaciones, en la explosión de una nueva vida, en el florecer de todo y en su desaparición. El amor, como la energía creativa de la vida, es evidente en la órbita de un planeta o en la muerte de una estrella. La evidencia del amor se encuentra en el movimiento de los átomos y en la corriente eléctrica que circula por el sistema nervioso, los cables telefónicos o el cerebro humano. Todos somos energía, la experimentamos y presenciamos. Sentimos su poder, el poder del amor, en lo más hondo de nuestro ser.

El poder arrollador de la creación es todo cuanto existe. Este aire, este líquido, esta tierra, es amor. Tú, yo, ellos… todos somos amor. La inmensa vacuidad más allá de lo que conocemos es amor. No hay razón alguna para encogernos ante él. No tiene sentido escondernos en las sombras, hablando de lo mucho que rezamos para que el amor nos conmueva y nos inunde… pero es lo que solemos hacer.

Les voy a pedir que usen su imaginación de nuevo. En esta ocasión, imaginen que son un río. Han nacido de una fuente invisible y sus caudalosas aguas discurren hacia el océano. El amor es este océano insondable. El amor es la misteriosa fuente que nos ha creado, esperando recibirnos de nuevo. Con esta imagen en la mente, sean conscientes de que quizás hayan estado evitando al océano todo este tiempo… al trazar círculos constantemente para alejarte de él, perdidos en profundos cañones y en praderas arbitrarias.

Tal vez tarden toda una vida en llegar al océano. Pero en cuanto lo hagan, quizá prefieran quedarse bailando en la orilla. De cualquier forma, avancen a su propio ritmo. Paseen. Tomen el camino más largo, si lo prefieren. O sumérjanse ahora mismo en el amor. Sea como sea, el viaje es perfecto. Están entablando una relación con la vida y esto lleva su tiempo. Recuerden simplemente que, como cualquier relación, esta también se compone de dos partes.

Ustedes y la vida. ¿Cómo están manejando la parte que les toca? ¿Le están prestando toda su atención? ¿Están receptivos a la vida, al amor? Como en cualquier relación de pareja, la vida y ustedes siempre han sido una misma cosa, pero ahora es cuando se empiezan a dar cuenta.

Están empezando a descubrir lo que se siente al estar totalmente enamorado… sin ninguna duda.

Las dos mitades

Había una vez un joven que se enamoró de una chica.

Pero la chica no estaba interesada en él. Solo le gustaba hacer muñecas. Desde que era pequeña le encantaba hacerlas con ramas y barro, o con retazos de calcetines viejos cosidos y restos de papel. Le apasionaba tanto esta afición que apenas le quedaba tiempo para dedicarse a otras cosas. Apenas le permitía hacer los deberes. Y no le quedaba tiempo para los chicos.

La chica creció soñando en montar una tienda de muñecas. El chico creció soñando con ella. La habilidad de la chica para hacer muñecas fue mejorando con el tiempo, pero no se podía permitir el lujo de comprar telas, porcelana o pinturas de la mejor calidad. Hacía todo lo posible para que sus muñecas cobraran vida, pero no eran más que unos objetos baratos hechos de envases, conchas y otros modestos materiales que podía encontrar. Y aun así, lo más sorprendente es que le compraban las muñecas. O al menos eso creía ella.

Lo que no sabía era que aquel chico se las compraba porque nadie más lo haría. No podía soportar verla decepcionada. No permitiría que la gente se burlara de las muñecas, de modo que había invertido su escaso salario en la felicidad de la chica. Con el paso del tiempo, la casa del joven se llenó de muñecas. Se encontraban alineadas en los estantes y por todos los rincones de su lugar de trabajo. Le recordaban cada día, para su placer, la fuerza de su amor.

Pero un día la joven descubrió lo que él había hecho por ella. Y se sintió dolida. Sintió el dolor que todos sentimos cuando nos vemos obligados a admitir nuestras ilusiones. Al principio, se enojó con el joven. La había engañado. Pero descubrió que la verdad no era lo que ella había querido ver.

Al final aceptó la realidad. Vio que ella había estado amando solo a sus muñecas todos esos años, en cambio él la había estado amando a ella. Decidió recibir su amor y se lo correspondió llena de gratitud. La joven siguió perfeccionando su arte, pero a partir de aquel momento todo cuanto creó se volvió hermoso por el amor que compartían.

«Un chico conoce a una chica y se enamora de ella» es un buen comienzo, pero ¿qué ocurre después? Para que el amor supere todos los dramas es necesario tener fe en él. Aunque esto no significa un compromiso económico o un sacrificio que dure toda una vida. Significa invertir en la verdad y no en una ilusión.

Tenemos que ser responsables de nuestra parte en cualquier relación. Debería resultarnos fácil disfrutar del arte de un amigo o amiga, o de su forma de imaginar la realidad. Debería ser divertido animarlo a hacer lo que le apasiona. ¿Acaso no es lo que todos esperamos de las personas que amamos? Queremos que apoyen nuestras pasiones, aunque no las compartan. Queremos al menos que acepten nuestros sueños. ¿Tan difícil es hacer estas inversiones tan básicas?

Tal vez les guste reírse de las peculiares aficiones de sus parejas. Quizás estén resentidos por el tiempo que pasa lejos de ustedes, dedicada los fines de semana a proyectos absurdos que a ustedes no les atraen. Puede que se burlen de sus esposas por sus pasiones e intereses. A lo mejor detestan el gusto cinematográfico de un amigo. Y creen que está bien criticar y desanimar a los suyos por las cosas que les apasionan. Pero ¿acaso la confianza puede sobrevivir en este ambiente? ¿El amor puede durar en este entorno?

Apoyar los esfuerzos creativos y los sueños secretos de alguien es un acto de amor. Es el instinto natural de alegrarnos de sus alegrías y pasiones, y de admirar a esa persona tal como es y no por lo que hace. Es lo que todos esperamos que los demás hagan con nosotros y lo que deberíamos ser capaces de ofrecernos a nosotros mismos. Es así de sencillo. Cuando nos queremos de verdad a nosotros mismos, nos sale de manera natural y espontánea estar al lado de alguien que necesita a un campeón. Es apasionante verlo destacar en su pasión. Es un honor ser su mayor admirador.

Una relación de pareja implica dos personas. Existe una atracción mutua. Cada uno aporta algo único a la relación. No olviden nunca que una relación existe porque dos personas se enamoraron. Dos personas se atrevieron a amar. Se han atrevido a expresar su amor con franqueza y sinceridad. Juntas crearon el entusiasmo que engendró un sueño compartido.

El sueño, con sus exigencias y responsabilidades, puede acabar sin embargo siendo un tirano. Puede transformarse en algo que debemos alimentar y cuidar, y que nos obliga a invertir cada vez más tiempo y energía emocional. ¿Y entonces qué ocurre? ¿Qué les sucede a los dos amantes? Han ayudado a crear algo maravilloso de su amor. Se han dedicado a pasárselo bien. Han sido los felices cómplices en un sueño. Es bueno recordar que el sueño no se concibió para que tomara las riendas.

EL amor que fluye entre dos personas siempre debe ser no solo la fuerza motora de una relación, sino también la mayor prioridad. Para sustentar este amor, la pareja debe alegrarse de la presencia del otro y recordar las alegrías que los unieron como pareja. Tienen que seguir divirtiéndose en su relación. ¿Acaso no empezaron a conocerse así? Y también hacerse responsables de su parte.

Piensen en su relación de pareja. ¿Están cumpliendo con su parte en el acuerdo? Quizá dependen demasiado de los puntos fuertes de sus parejas o esperan que acepte que ustedes son quienes mandan. A lo mejor esperan que la relación funcione por sí sola. Pero cuando algo va mal, ¿acaso no sienten la tentación de echarle la culpa al otro?

En una pareja uno de los dos es que el suele tomar una decisión que afecta al otro, sin consultarle antes si le parece bien. La gente no siempre se reserva un tiempo para los acuerdos. Las conversaciones se posponen. Las cosas se asumen. Dejamos que uno tome la iniciativa mientras que el otro se queja de los resultados. Nos sentimos avergonzados por lo que nuestro cónyuge dice y hace en público, creemos que el mundo nos juzga por su conducta.

Pero estamos hablando de dos personas, de la pareja que se enamoró y prometió apoyarse. ¿En qué momento de la relación los bienes materiales se han vuelto más importantes? ¿Cuándo se decidió que la pareja sería tanto capitán del barco como culpable de su hundimiento? ¿Cuándo se convirtió en responsable de vuestra relación?

La gente se enamora. Y luego ¿qué ocurre? Surgen las historias que nos contamos a nosotros mismos. Alguien se imagina que es víctima de una injusticia. Alguien siente que está dando demasiado y no recibe lo bastante. Pronto, las historias de la pareja acaban girando en torno a los defectos, los celos y los deseos en la relación. Y sus integrantes difunden estas historias a todos los que conocen.

Por lo visto, queremos que otra persona sea responsable de nuestra felicidad. Un enfoque más sincero es admitir con más franqueza lo que necesitamos de nuestra pareja. Podemos acordar hacer todo lo posible para satisfacer las necesidades del otro, pero también debemos ser francos acerca de lo que cada uno puede razonablemente hacer en este sentido. Tenemos que establecer acuerdos e ir modificándolos a medida que las circunstancias cambian.

Tenemos que ser capaces de tratar cualquier tema, sea el que sea. Cada miedo puede afrontarse con compasión, cada error puede perdonarse. El problema es sobre todo que no nos han enseñado a comunicarnos con sinceridad, ni siquiera con nosotros mismos. Y no queremos poner en peligro una relación al decepcionar a nuestra pareja. En su lugar, estamos dispuestos a hacer promesas heroicas y a comprometernos para toda la vida.

Los amantes temen destruir el romanticismo al ser realistas. No quieren poner en peligro su amor, pero ¿acaso una buena comunicación puede destruir el amor? El amor es indestructible, pero algo que se hace pasar por amor sí se puede destruir.

Cuando rompemos con alguien solemos decir que el amor se ha acabado, que ha muerto. Incluso a veces afirmamos sentirnos muertos por dentro. Supongo que es comprensible, muchas personas ven el amor como una tempestad de emociones que estalla, se lo lleva todo por delante y deja una estela de destrucción a su paso. Cuando la tempestad amaina, nos sentimos realmente vacíos.

Pero la verdad no nos deja vacíos por dentro, nos hace sentir comunicativos y conectados con la vida. Es un placer ver que algunas personas no son lo que nos imaginamos. Nos libera de nuestra ilusión. Descubrimos que lo que queríamos era una historia de amor en lugar de la realidad tal como es. Aunque al principio nos duela, no es el corazón el que se nos rompe, sino nuestras ilusiones.

Sí, hemos estado atrapados en nuestras ilusiones sobre el amor. Las dudas juegan un papel en nuestra liberación, al igual que el sentido común. El amor no debería significar esperar que alguien muera por nosotros o que aguante nuestros maltratos. El amor no espera sacrificios. Al redimir el amor, redimimos todas nuestras relaciones.

Y ahora que son más conscientes sobre el amor, descarten la idea de que otra persona pueda hacerles felices. Nadie debe cargar con este lastre. Ni tampoco la culpen por su estado emocional. «Me ha hecho sentir mal conmigo mismo», probablemente han dicho en alguna ocasión. «¡Me saca de quicio!». ¿De verdad? ¿Están seguros? Recuerden que son responsables de su parte en una relación y de cómo deciden sentirse. También son ustedes quienes deciden cómo reaccionar a esos sentimientos.

Descarten de una vez la idea de estar «enfermo de amor». Hagan un chequeo y sueñen con el amor de distinta manera. Sus corazones pueden sentir una saludable abundancia de amor en cualquier instante, ocurra lo que ocurra en sus vidas. Cuando el amor guía nuestros pensamientos y acciones, la realidad cambia de manera espectacular. Nuestras historias cambian espontáneamente. La relación amorosa que mantenemos con nosotros mismos se expande para incluir a todo nuestro sueño. Puede incluso evolucionar hacia un matrimonio aprobado por la vida misma.

Hechos el uno para el otro

La historia de Eros es una historia de amor épica. Vemos que nuestro héroe empieza como un reflejo perfecto de la vida y que este reflejo se va distorsionando. Hasta que la distorsión acaba aceptándose como la verdad. Vemos la caída de Eros y la reconocemos como propia. Abandonamos el paraíso cuando dejamos de querernos a nosotros mismos.

Nuestra historia de amor es magnífica. Es una historia sobre promesas cumplidas. Sobre dos mitades que, tras estar separadas durante mucho tiempo, vuelven por fin a unirse. En nuestra historia los amantes separados acaban reunidos de nuevo y aprenden a vivir en una unión perfecta. Es una historia de amor que termina en matrimonio. ¿No están seguros de a qué me refiero? En este caso, llevaré la conversación a otro nivel.

Imaginen que los dos amantes de esta historia son los dos programas que les han hecho ser lo que son. El primer programa lo diseñó la vida. Procede del ADN biológico. La vida les ha creado de una célula que se dividió en dos. Más tarde, innumerables cantidades de células acabaron formando el cuerpo perfecto que son. La vida fue la que lo hizo y la programación de la vida sigue dirigiendo las funciones del organismo y el proceso de su evolución.

El cuerpo siempre ha seguido el programa original de la vida, pero la programación de la sociedad ha definido la realidad para nosotros. Como lo primero que aprendimos fue a hablar, nuestros pensamientos y opiniones han condicionado nuestros actos. Nuestro sistema de creencias nos ha dado el sentido de quiénes somos. Las dos clases de programación han entrado en conflicto durante buena parte de nuestra vida. Y esto no se parece demasiado a una historia de amor, ¿verdad?

Imaginen una unión al más alto nivel: la programación de la vida y la programación de la sociedad se convierten en un reflejo perfecto de la otra. Imaginen estos dos programas convertidos en uno solo. Es un matrimonio perfecto: las dos partes no entran en conflicto, sino que existen en un respeto mutuo y un amor duradero.

Imaginen que su mente se alía con su programa biológico. Imaginen que sus pensamientos saben que influyen en el cuerpo. No cuesta tanto hacer que la mente sea la amiga y protectora del cuerpo que estaba destinada a ser. Solo tenemos que desear cambiar y reemplazar algunos hábitos improductivos por otros nuevos.

La mente puede adquirir el hábito de servir al cuerpo en lugar de provocarlo. Puede disfrutar apoyándolo y velando por su bienestar. Dejen de estar pendientes del ruido mental. Fíjense más en las sensaciones físicas y en las repercusiones emocionales. Procuren escucharse y cambien sus respuestas usando el amor como fuente de energía.

Pueden redimir su historia de amor al reconocer por fin al asombroso cuerpo humano como el amor de su vida. Su mente puede ser la heroína y la pareja ideal que colabora alegremente con su otra mitad. No es necesario hacer ningún sacrificio… basta con una entrega absoluta.

¿Una entrega absoluta? Consideren lo que esto significa para una mente decidida a llevar la batuta. Reflexionen sobre ello mientras se entregan al sueño esta noche. Hagan que esta sea su tarea, observen el alivio que sienten cuando se silencian las voces interiores. Experimenten el profundo sosiego que les da, la silenciosa tregua que tiene lugar entre los dos programas.

La entrega es el generoso regalo que le ofrecen al amor de su vida. Es el regalo que se hacen a ustedes mismos. Hablaré más a fondo de los beneficios de la entrega mañana, cuando sus mentes estén más despejadas tras una noche de sueño reparador. ¡Felices sueños! Hasta mañana.

Día 5:
La entrega absoluta

Había una vez un capitán, un militar muy importante al que enviaron a una expedición en una tierra lejana con una pequeña tropa de soldados. En aquel lugar, una remota jungla, fueron sorprendidos por una violenta tormenta tropical que los separó a todos. Tras amainar la tormenta, el hombre se descubrió solo en medio de la jungla.

Por valiente que fuera, el capitán fue incapaz de afrontar los peligros de la selva. Al cabo de varios días, estaba magullado y exhausto. Lleno de picaduras de insectos y acosado por los animales salvajes, llegó a un punto en el que estaba demasiado aterrado como para salir de una pequeña grieta entre las rocas. Una anciana lo descubrió y lo ayudó a llegar tambaleándose al refugio de su hogar.

Resulta que esta mujer era la esposa de un gran chamán. La pareja vivía sola en un silencioso claro de la jungla y se ganaba la vida haciendo remedios y pócimas a base de hierbas para los lugareños de las aldeas lejanas. Cuidaron al capitán y lograron bajarle la fiebre. Lo trataron con pociones hasta que se repuso.

Durante su recuperación, el capitán los observó trabajar con las plantas medicinales. Le fascinaron las habilidades de la pareja, el modo en que el anciano curaba a los moribundos y parecía doblegar la naturaleza a su voluntad. El capitán le pidió al chamán que compartiera con él los secretos de sus poderes mágicos. Quería ser su aprendiz.

El chamán consideró la idea durante largo tiempo y al final le preguntó si estaba seguro de desearlo. El capitán repuso: «¡Claro que sí! Estoy seguro». Varios días más tarde el chamán se lo volvió a preguntar: «¿Es esto realmente lo que quieres?». El capitán le respondió que sí. Cuando se lo preguntó por tercera vez, él pareció más seguro que nunca: «¡Sí, sí, sí!».

Así que se convirtió en su aprendiz. El anciano le enseñó a recoger y preparar las plantas medicinales para las tinturas. El capitán talló armas para cazar y forjó utensilios. Le sirvió a su maestro diligentemente, trepando a los árboles y cavando en busca de raíces medicinales. Cazaba para la pareja y cocinaba para ellos. Aquel hombre había aprendido a ser disciplinado en el ejército, pero al cabo de varios meses de duro trabajo, estaba exhausto. E impaciente.

Le parecía que el chamán no había compartido con él su poder ni su sabiduría. De modo que equipado con un cuchillo y varias medicinas a base de plantas, abandonó un día a la pareja esperando encontrar a su tropa y retomar su misión. Pero no consiguió salir de la inmensa jungla. Estuvo viajando durante días y semanas, hasta descubrir que había estado andado en círculos.

Cada vez más asustado, avanzó con mayor rapidez corriendo por entre los matorrales. También cruzó a nado ríos y arroyos. Pero a pesar de reconocer puntos de referencia, descubrió que había estado caminando en círculos y que había vuelto al lugar del que había salido.

Vencido y frágil, el pobre hombre se tropezó un día con la caba-
ña del chamán. Apenas se tenía en pie y se enfrentó a la pareja.
Aulló furioso. Les gritó y los acusó de haberse aprovechado de él.
Alardeó de su noble alcurnia, de su acaudalada familia y de toda la
gente importante a la que conocía.

Describió sus valerosos actos en el frente y habló de sus nume-
rosas distinciones en reconocimiento a su valor. Repitió su nombre y
sus títulos una y otra vez, desesperado por impresionarlos con su
importancia. Los amenazó y le juró al chamán que sería castigado
por sus engaños. Y al final, agotado e incapaz de seguir hablando, el
capitán se derrumbó a los pies del anciano sin nada más que afir-
mar, ni fuerzas para seguir luchando.

La esposa del chamán se quedó al lado de su marido, observan-
do a aquel hombre que había sido tan orgulloso hecho un ovillo en el
suelo. La anciana quería echarse a llorar. El chamán guardó silencio.
Respirando hondo, se alejó. Mientras lo hacía, se formó una sonrisa
en sus labios... pues la transformación había empezado. El capitán,
tan orgulloso y ciego, estaba ahora listo para convertirse en un hom-
bre sabio y altruista. Al haber abandonado sus ilusiones, estaba
preparado para someterse a la voluntad de la vida...

Hemos llegado al último día de clase. Y no se me ocurre una lección mejor para concluirla que la de la entrega.
¿Entregarse a qué? Tal vez se pregunten: «¿Entregarse a

quién?». Entrega es una palabra que se asocia con la debilidad o la pérdida. ¿Les recuerda a algo? Es exactamente lo que he dicho sobre la palabra «amor».

Incluso cuando alabamos el poder del amor sospechamos que el amor nos hará vulnerables a la pérdida y la humillación. Que nos hará estúpidos. Abandonen este pensamiento. Abandonen todos los pensamientos. Dejen que su mente se entregue a la inevitabilidad del amor. ¿Acaso hay alguna teoría que valga la pena defender? ¿Es que hay algún mito que sea más importante que la verdad? ¿Qué puede ser más poderoso que entregarnos gustosamente al amor, a la vida?

Todos somos Eros en busca del amor. Todos somos Eros en busca de Dios. Eros está buscando la verdad sobre sí mismo sin saberlo. Nosotros también podemos abandonar, como hizo Eros, nuestras ilusiones más obstinadas en cualquier momento. Abandonar la sensación de ser importante. Rechazar la necesidad de dar lástima. ¿Es realmente una necesidad? No hace falta dar pena. No hace falta llamar la atención, ni controlar la vida de los demás.

El cuerpo necesita comida y agua. Necesita estar cómodo físicamente. Pero no anhela el prestigio. No depende de ninguna opinión para sobrevivir. Cuando nos entregamos al amor, cualquier opinión es trivial. Ya no nos importa tener la razón o ver que el otro está equivocado. El conocimiento pierde entonces el poder que ejerce sobre nosotros. Al entregarnos, afrontamos la vida sin ponernos a la defensiva, con los brazos abiertos, sin miedo a encontrarnos con el maremoto del amor.

Tal vez asocian esta palabra con la inmovilidad y la derrota, pero la entrega les anima a avanzar. La entrega es acción. La entrega les permite superar una realidad y abrirse a otra. Acaba con los conflictos y fomenta la paz en el mundo.

¿Quién se entrega y a qué? La mente abandona sus historias. Abandona su fijación con el protagonista. Le entregamos nuestro sueño, nuestro cuerpo y nuestro ser a la vida.

Hondas y flechas

Lo opuesto al amor es el amor. Lo opuesto al amor es la clase de amor que hemos estado aceptando como algo normal durante innumerables generaciones, un amor que se da con todo tipo de condiciones. Es una versión del amor que se ofrece solo si es recíproco. Es un amor tan frágil que huye al menor indicio de problemas, al primer rumor de rechazo. No es de extrañar que afrontemos esta clase de amor con miedo y desazón.

La flecha de Cupido es una buena forma de ilustrar el nacimiento del amor, pero también nos previene del sufrimiento que nos espera. Una flecha. ¿De verdad? La perforación de una flecha es dolorosa. Las flechas son para debilitarnos o matarnos. ¿Por qué una flecha? Muchos mitos tratan el amor como una maldición, un golpe de mala suerte. Dan a entender que como el amor quiere atraparnos, es mejor tener cuidado. Nos cuentan que los seres humanos somos víctimas del amor. Que los mortales somos un juguete de los dioses despreocupados, incluso de los dioses del amor.

Las flechas duelen. Los rayos matan. El amor, en cambio, es la verdad sobre nosotros. Es fácil darse cuenta de que cualquiera de nosotros puede estar confundido sobre el papel que juega el amor en nuestra existencia. Si nos preocupamos por lo que podamos perder si amamos a alguien, no estaremos confiando en la vida. Si demonizamos el sexo, ¿cómo vamos a dejar que nos amen? Las grandes mitologías nos enseñan muchas cosas sobre nosotros mismos, pero también nos muestran hasta qué extremo nos hemos alejado de la verdad.

Todos los seres, sean humanos o no, están programados por la vida para desearse los unos a los otros. Nuestra programación original está solapada por las historias que nos contamos, pero una historia también puede expresar fácilmente la verdad sobre el amor. Afrontar los miedos y las supersticiones, sean los que sean, es algo que solo nosotros podemos hacer. Nadie más puede resolver nuestros conflictos interiores. Nadie más nos conoce tanto ni nos ve con tanta claridad como nosotros mismos.

Ni siquiera nosotros percibimos el alcance de las acciones indebidas que hemos cometido contra nosotros mismos. Quizá no vemos aún cómo usamos el pasado para seguir sufriendo. Piensen en cuánto poder personal han desperdiciado al revivir el pasado. Se imaginan cómo les habrían ido las cosas si hubieran tomado otras decisiones, lo distinto que sería ahora todo si hubieran reaccionado de otra forma. Pero ustedes no son ahora las mismas personas. Las circunstancias han cambiado y lo seguirán haciendo.

Seguro que a veces les han aconsejado olvidar el pasado. «¡Supéralo! ¡Sigue adelante!». Los recuerdos quedan grabados en la materia, por eso cuestan tanto de ignorar. Pero ¿cuáles son los recuerdos que ustedes reviven y los que evitan evocar adrede? Algunos recuerdos nos fortalecen e inspiran, o nos ayudan a creer más en nosotros mismos. Y otros nos asustan, nos avergüenzan y nos perjudican emocionalmente durante mucho tiempo. Al fin y al cabo, los recuerdos no son exactos. Los evocamos fácilmente, pero no son de fiar.

Un recuerdo es una historia que nos contamos después de haberla vivido y va cambiando cada vez que lo hacemos. La cuestión es que podemos contarnos, con la misma convicción, tanto una historia triste como otra inspiradora. Hacerlo requiere fe. Requiere un compromiso. Para que nos parezca real tenemos que creer en la historia al cien por cien. Escuchen cómo se cuentan su historia. Presten atención a cómo se describen. Adviertan la frecuencia con la que se ven como víctimas de las injusticias. También representan el papel de juez con la misma asiduidad, victimizando a los demás con sus opiniones y acusaciones. Hacen ambas cosas, en ocasiones al mismo tiempo.

Escúchense. Procuren oír sus propios mensajes. Así podrán hacer otras elecciones distintas. Cambien las cosas, porque eso es lo que quieren y porque pueden hacerlo. Tienen una pequeña oportunidad.

La evolución

De acuerdo, respiremos hondo. Vamos a dejar volar nuestra imaginación durante unos minutos. La imaginación nos puede llevar a cualquier parte, vamos a imaginar que estamos en un lugar muy lejano. ¿Por qué no hacer un viaje nostálgico a la Edad Media? Vamos a visitar la civilización humana tal como era en aquella época, por ejemplo en el continente europeo.

En Europa, hace siete siglos, el conocimiento tenía que guardarse bajo llave para mantenerlo a salvo. Era así, algunas personas consideraban peligroso que todo el mundo pudiera acceder a él. Lo veían como una ofensa a Dios. La libertad de pensamiento o de expresión personal no existía. Las supersticiones campaban a sus anchas y sufrir por ellas era algo habitual.

La opresión se ha dado siempre en todas partes. Ha existido entre personas de distintas clases sociales, entre hombres y mujeres, y entre padres e hijos. Los miembros de la mayoría de comunidades —incluso de reinos enteros— vivían subyugados. Cuesta imaginar cómo era la vida en aquella época. Cuesta imaginar cómo habríamos encajado nosotros en una sociedad que no respetaba nuestro deseo de comodidad ni de conveniencia.

La humanidad del siglo XXI tiene sus propios problemas, todavía siguen existiendo distintas versiones de aquella tiranía arcaica. Al igual que aún existen las injusticias, la opresión y las enfermedades. El miedo y la ignorancia contribuyen a los actos malvados perpetrados en la actualidad, como ocurría en aquellos tiempos. Y si alguien de la época medieval aterrizara de golpe en nuestro mundo moderno, se quedaría también perplejo.

No entendería en absoluto nuestro estilo de vida. En el lugar donde viven ustedes, la información es libre y accesible. Cualquier persona, sea de la clase social que sea, tiene derecho a la educación. Probablemente vivan en un lugar donde la democracia se valora y pueden expresarse sin miedo alguno. Pueden viajar a donde les plazca. Pueden darse una ducha con agua caliente e ir al supermercado a cualquier hora del día o de la noche. Para alguien de la época medieval sería como si lleváramos una vida celestial.

Supongamos que esta civilización sigue evolucionando como lo ha estado haciendo durante la mayor parte del último milenio. Imaginemos hasta qué punto las cosas habrán mejorado en el futuro. Dentro de siete siglos nuestros descendientes tal vez se queden consternados al enterarse de cómo vivíamos en el siglo xxi. Quizá se apiaden de nuestro estilo de vida y nieguen con la cabeza ante la ignorancia y la crueldad de la sociedad en la que vivíamos.

Si la evolución sigue dándose al mismo ritmo, dentro de varios siglos todos los seres humanos serán considerados como iguales. Se tratarán unos a otros con respeto, sabedores de que el respeto produce mejores resultados. Esta actitud afectará en gran medida la forma en que los niños aprenden a ver el mundo de su alrededor. Tendrá unos efectos transformadores en las comunidades y en las naciones. Los conflictos se acabarán. Las generaciones futuras crecerán dando por sentado la presencia de un amor incondicional.

¿La gente se amará sin condiciones? Esto por sí solo ya haría que su mundo nos resultara irreconocible. Buena parte de lo que ahora damos por sentado era inimaginable hace poco. Hemos demostrado que los grandes cambios pueden ocurrir. Hemos demostrado que nuestra mente puede cambiar y que las sociedades pueden volverse más compasivas. Hemos demostrado que podemos ser más humanos con nosotros mismos. Nuestro sistema nervioso ha evolucionado y nuestra mente también puede hacerlo.

En esta clase he hablado mucho sobre la evolución física. Veamos de nuevo este tema. Desde que nacimos, nuestras habilidades motrices se fueron perfeccionando hasta que el cuerpo fue lo bastante maduro como para llevarnos a cualquier parte. Mientras tanto, el cerebro siguió desarrollándose. Aprendimos a hablar. Nuestros conocimientos aumentaron y nuestra facultad de discurrir se fue agudizando. Y, además, aprendimos a expresarnos emocionalmente.

Mientras aprendíamos a andar y hablar, también presenciamos la interacción emocional de las personas de nuestro entorno. Advertimos cómo los nuestros estaban conectados. Vimos cómo se llevaban nuestros padres entre ellos y la relación que mantenían nuestros hermanos. Los oímos discutir y a veces hacerse daño. Los vimos reconciliarse, estar resentidos o guardar largos silencios.

Quizá vimos a nuestro padre consolando a nuestra madre con palabras afectuosas y caricias. Tal vez presenciamos el amor que se profesaban en sus miradas y sonrisas. O a lo mejor advertimos que había una distancia emocional entre ellos. Puede que los hayamos visto faltarse al respeto o despreciarse mutuamente. Advertimos que cada miembro de la familia influía en las emociones del resto y lo tuvimos en cuenta.

Nuestra forma de relacionarte con los demás, empezando por los nuestros, fue cambiando a medida que madurábamos. Las relaciones han ido evolucionando, incluso sin darnos cuenta. Al igual que la relación que hemos ido manteniendo con nuestros padres. Al principio, éramos unos bebés indefensos bajo su protección.

Más tarde fuimos creciendo y nuestra relación con ellos se volvió verbal y racional. Aprendimos a negociar y supimos defendernos mejor.

En la adolescencia la relación con los padres tal vez fue más complicada. Al cabo de poco, nos independizamos y la relación con ellos se volvió menos estrecha. Cada etapa de la vida ha ido cambiando la relación que manteníamos con nuestros padres. La misma evolución se ha dado con nuestros hermanos y abuelos. A medida que íbamos cambiando, también cambiaba la forma de vernos de los demás. Ya no los veíamos de igual modo. Las relaciones se rompen y después se vuelven a recuperar.

En las amistades también se dan conflictos y malentendidos, pero con el paso del tiempo esos conflictos parecen triviales. Nosotros y los niños con los que jugábamos de pequeños ya somos ahora unos adultos con un trabajo y quizás una familia. Pero por más tiempo que haya pasado o por más lejos que estemos los unos de los otros, seguimos manteniendo una buena amistad. Han surgido algunos problemas. Tal vez haya ocurrido alguna historia difícil entre vosotros, pero no sentimos ningún rencor ni tampoco celos en secreto. Es la evolución normal.

Las relaciones sentimentales también evolucionan. En la edad adulta ya no reaccionamos con nuestra

pareja como lo hacíamos en la adolescencia. Los sentimientos cambian. Los compromisos también. El amor
se vuelve más profundo o más tolerante, o una pareja
puede decidir separarse para seguir cada uno su propio
camino. En algunas ocasiones, una pareja acepta cambiar la estructura de la relación. Acepta los términos,
que pueden cambiar día a día, año a año. Pero todo ello
requiere una buena comunicación, que nos ahorra mucha confusión y dolor.

La energía no evoluciona, pero la materia sí lo hace.
El amor no evoluciona: somos nosotros, los seres humanos, quienes evolucionamos. La humanidad evoluciona como un todo. La evolución de nuestra especie
no empezó conmigo, pero ahora sigue teniendo lugar
con mi presencia. La evolución de la conciencia se da
día a día. Ocurre cuando empezamos a esclarecer los
secretos que no queríamos conocer. Ocurre porque decidimos ser más conscientes.

A medida que vamos madurando, adquirimos nuevos puntos de vista. Establecemos unos acuerdos nuevos
y de vez en cuando los volvemos a revisar. Eso es la evolución. Hace mucho aprendimos a amar de una determinada forma. Pero ahora podemos descubrir el amor de
un modo que lo contenga todo. Y lo más importante es

que ahora podemos volver a querernos como cuando llegamos a este mundo y nuestro cuerpo y el resto del universo eran uno.

Enamorado, sin duda alguna

La vida nos lleva hacia los demás sin la ayuda de ninguna historia. El deseo del apareamiento está en nuestra programación original. Al fin y al cabo, este deseo es el programa. Si dejáramos de reproducirnos, desapareceríamos como especie. Por más historias admonitorias que nos contemos sobre el sexo, la voluntad de la vida seguirá prevaleciendo.

Si tiramos de uno de los hilos del entramado de una historia, esta se empezará a deshacer. A debilitar. Nuestras historias no están hechas de ladrillos y cemento, se sostienen por los finos hilos de la creencia en ellas. Si sacamos esos hilos, las ilusiones desaparecen. Los miedos se los lleva el viento. Lo único que queda es la verdad. Todo cuanto se puede ver o sentir es amor. Y tenemos una cantidad inagotable de amor para dar.

Imaginen que siempre dispusieran de una despensa repleta de comida. Por más que comieran, por más que alimentaran a su familia, o por más exquisiteces que les ofrecieran a sus amigos, siempre habría comida en la despensa. Sería estupendo si fuera así, ¿verdad?

Pongamos ahora que alguien llama a la puerta cargado con cestas llenas de productos exóticos. Esta persona propone ofrecernos una cada día, si… ¿Si… qué? Si dejamos que se ocupe de nuestra vida. Si dejamos que nos trate mal o nos falte al respeto. Si la convertimos en el centro de nuestro mundo. Si lo hacemos, disfrutaremos de comida «gratis».

Seguro que nos echaríamos a reír al oír esta propuesta. ¡La despensa siempre está llena de buena comida! ¡Sería una gran estupidez poner en peligro la felicidad y la autoestima solo porque alguien cree poder aprovecharse de que estemos hambrientos! ¡Sería irrisorio! Salvo… que…

¿Y si en realidad tuviéramos mucha hambre y no supiéramos cuándo podríamos llevarnos algo a la boca? Hay muchas personas en el planeta que viven en una situación tan precaria como esa, nos podría ocurrir a cualquiera de nosotros. Si nos estuviéramos muriendo de hambre y alguien llamara a la puerta y nos prometiera alimentarnos cada día, probablemente aceptaríamos su propuesta bajo cualquier condición. Dejaríamos que esta persona nos controlara y nunca tendríamos el valor para irnos. Incluso puede que agradeciéramos que nos tratara mal.

Cuando la vida está llena de amor, de un amor incondicional e inagotable, ¿acaso alguien puede regatear con un corazón? No. Nadie se puede aprovechar de mí, gozo de amor a raudales. Cuando no sentimos unas ansias desesperadas de que nos adoren y aprecien, nadie puede ponernos en la posición de tener que agradecerle su crueldad.

¿Cómo mantienen ustedes la despensa llena? Todos somos amor en acción. No podemos morir por falta de amor, somos la fuente del amor. No es necesario que lo esperemos ni que deseemos su llegada. El amor llegará directamente, con o sin pareja. Amar es lo que produce placer. Amar a alguien proporciona felicidad. Como la mayoría de personas, queremos que el amor sea correspondido, aunque el amor de otra persona no garantiza la felicidad. Pero el amor que nosotros damos sí lo hace.

Piensen en ustedes como la fuerza de la vida de la que he estado hablando. La vida no cesa de ofrecernos cosas, sin pensar en lo que le daremos a cambio. La vida no está hambrienta de amor o ansiando recibir afecto. La vida genera el suficiente amor como para que la creación siga progresando, y ustedes pueden hacer lo mismo en su universo privado.

La mente no puede calcular la abundancia del amor. Quizá sigan creyendo que el amor comporta un precio.

Cuesta imaginar qué es el amor desinteresado. Llamar peligroso al amor es la excusa de la mente para descartarlo o evitarlo. No es más que una excusa para huir de su intimidad. Y es la forma de mantenernos lejos de la verdad.

La mente puede almacenar un millón de hechos y recuerdos, pero no puede expresar en palabras la verdad. Ni tampoco puede manejar la intensidad de un amor incondicional. Por suerte, no es necesario que lo haga. Lo único que tiene que hacer es abandonar sus historias. También se puede contar otras nuevas de formas nuevas. Puede contarse la historia de Eros, por ejemplo, con un final distinto.

Eros se ha convertido en el símbolo de las debilidades y los dolorosos castigos del amor. El amor se ha acabado vinculando con estúpidos juegos de control, rivalidad y miedo. Lo más curioso es que Eros creía conocer la verdad, incluso viviendo en una mentira.

La historia de Eros es nuestra propia historia. ¿Acaso no fuimos una vez la personificación del amor? ¿Es que no crecimos más adelante escuchando todo tipo de historias absurdas sobre el amor, hasta que acabamos dándolas por ciertas? Aprendimos a esperar el rechazo. Aprendimos a dar amor con la condición de recibir algo a cambio. Dejamos que el miedo nos reprimiera.

Dejamos que la verdad se escurriera de nuestras manos. Nos volvimos unas personas cínicas y nos negamos a gozar de un amor pleno.

Eros se transformó en algo que no estaba destinado a ser. Se creó para ser el amor bajo una forma humana. Era una copia perfecta de la vida, era divino. Pero a medida que la leyenda se contaba y se volvía a contar, su imagen se fue deteriorando. Eros se convirtió en un reflejo distorsionado de sí mismo. Aunque esto no significa que vaya a ser el fin de su historia ni de la nuestra.

Conocemos a seres humanos que han estado compartiendo mensajes verdaderos de amor a lo largo de los siglos. Unos pocos le han demostrado al mundo el poder curativo del amor. Todo el mundo los vio aplicar las lecciones del perdón en su propia vida. El sueño de la humanidad adquirió una nueva forma gracias a esta clase de seres. Y mientras nosotros vivimos en nuestro cuerpo también podemos experimentar acontecimientos transformadores.

Imaginen a Eros descubriendo de pronto la verdad sobre sí mismo. Extasiado y despierto, exclama: «¡Estoy enamorado… sin duda alguna!». Imaginen hasta qué extremo afectaría este amor inquebrantable cada pensamiento y cada acto nuestro. El amor disiparía las vanidades y los impulsos egoístas. Le daríamos la vuelta a nuestra propia historia y seríamos un ejemplo vivo de un amor desinteresado e incondicional.

Ahora puede que ya estén preparados para dejar que la verdad se apodere de ustedes, para desprenderse de sus ilusiones. Están avanzando hacia su redención. Han aprendido a respetarse como si fueran artistas en busca de la verdad. Y ahora están listos para actuar.

En la práctica, el amor consiste en un fácil equilibrio entre la gratitud y la generosidad. Cuando somos agradecidos con los demás, la gente tiende a ser más generosa con nosotros. Nuestro instinto nos mueve entonces a ser generosos a cambio, y esta generosidad, a su vez, inspira a los demás a agradecérnoslo. La acción produce una reacción lógica.

El respeto genera más respeto. El desprecio crea más desprecio. La traición lleva a la desconfianza y a más traiciones, la acción produce una reacción. Cuando somos generosos en el amor, nos recibe un torrente de amor. Y nuestra gratitud por el amor recibido nos hace ser más afectuosos aún. Descubre cómo este proceder funciona en tu vida.

Comprueben por sí mismos cómo una palabra bondadosa afecta la forma en que la gente responde y lo reconfortados que se sienten por ello. Cuando el amor no es generoso, solo recibimos el reflejo más mortecino del amor a cambio. Es un amor envidioso, un amor sofocado por las condiciones impuestas y basado en el miedo.

La gratitud cambia nuestra forma de vivir. Nos hace ser más bondadosos y generosos. La acción produce una reacción. Podríamos sostener que no hay suficiente bondad en el mundo, pero la vida no es nuestra tortura. La vida nos ha dado una oportunidad tras otra para ver las cosas de distinta manera, para empezar de nuevo. La vida nos ha dado la brillantez para imaginar y crear.

Y lo más asombroso es que la vida nos ha dado el instinto de amar impecablemente y de reclamar el paraíso perdido.

El siguiente paso adelante

Todos somos Eros, el héroe de nuestra historia de amor. Eros, como cada uno de nosotros, es un artista. Puede transformar los conceptos en objetos y acciones reales. Puede devolverle su estado original al concepto del amor. Al igual que nosotros. Es un poder artístico que poseemos sobre nuestro propio sueño.

Cambien su mundo y el mundo cambiará con ustedes. Adviertan cómo estuvieron yendo en su propia contra en el pasado, sobre todo con relación al amor. No lo usen como una excusa para juzgarse. Si somos conscientes, dejaremos de juzgar. Si somos conscientes, iniciaremos el viaje de vuelta a nuestro hogar. Cada constatación irá seguida de una acción y después de otra. Y de otra. Depende de cada uno de nosotros lo lejos que lleguemos.

La transformación es una idea filosófica, pero también puede ser una realidad. El cuerpo se está adaptando y transformando a cada momento. Pensar es un hábito hasta que se vuelve una disciplina consciente. Deseamos ser más conscientes y sabios, pero quizá no estemos seguros de lo que esto significa. Tal vez se pregunten a cuántas cosas tendrán que renunciar para que ocurra. A lo mejor temen ver su propio reflejo. «¿Tengo que mirar muy de cerca? ¿Tengo que ser muy sincero conmigo mismo?».

Los demás necesitan que seamos como ellos creen que somos. Esto puede interesarnos porque tenemos una imagen que proteger. Un papel que representar. Si renunciáramos a este papel, ¿quiénes seríamos? ¿Qué pensarían los demás? ¿Seguirían queriéndonos? Sabemos que deseamos cambiar, pero nos preocupan muchas incógnitas.

Todo está por descubrir hasta que nos atrevemos a descubrirlo. No sabemos lo que nos ocurrirá cuando salgamos de casa o viajemos al extranjero. Por más que planifiquemos el viaje, siempre podemos toparnos con sorpresas y errores. Podríamos tropezar con el borde de la acera, extraviarnos o perder el equipaje. Podríamos, en este caso, olvidarnos de ser nosotros mismos.

Estamos aprendiendo a trascender los conocimientos y ninguna enseñanza puede decirnos adónde nos llevará eso. Solo cada uno de nosotros y nadie más puede saber lo que significa no tener que ser uno mismo. Son unas experiencias únicas y personales. Sus efectos son imprevisibles, pero los acontecimientos que no podemos prever suelen acabar siendo la mejor parte de la aventura.

Den un paso hacia la verdad, y después otro. Acepten las revelaciones tal como lleguen y dejen que les impulsen hacia delante. Tal vez se resistan a veces, se rebelen. Cuando dejen de poder reconocerse, tal vez quieran dar la vuelta. Quizá quieran frenar en seco y volver a sus antiguos hábitos para sentirse mejor.

Es muy curioso. Los niños pequeños cuando sienten la presión de tener que crecer demasiado rápido y demasiado pronto, vuelven de vez en cuando a comportarse como bebés. Berrean de nuevo en lugar de hablar. Se olvidan de que ya habían aprendido a usar el orinal. Los adultos actuamos como niños pequeños por las mismas razones, para sentirnos mejor y llamar la atención. Como no siempre nos creemos capaces de satisfacer las expectativas de todo el mundo, nos damos por vencidos. Damos un paso atrás. Volvemos a preguntarnos: «¿Quién seré si hago este cambio?».

Afirmamos que queremos cambiar, pero nos gustaría saber lo que ocurrirá cuando lo hagamos. Queremos estar seguros de las recompensas. Pero no descubriremos nada hasta que demos un paso adelante, hasta que nos pongamos a disposición de la vida. Dejemos de fijarnos en nuestra narrativa mental, en lo que creemos ser o en lo que pensamos que es el amor, y conectamos con la vida.

Cuando los conflictos interiores les dejen agotados, conecten con lo real: el gato en el alféizar de la ventana, el cachorro a sus pies, el sol que les da en la cara y el viento que sacude el ramaje de los árboles. Adviertan su respiración y sientan la corriente de la vida que fluye por ella. Acostúmbrense a esta corriente y reconózcanla como amor.

Reflexionen sobre cómo su cuerpo procesa una idea o una angustia. ¿Qué debe hacer el cuerpo cuando tenemos pensamientos como «Nunca seré feliz» o «La amo más de lo que ella me ama a mí»? ¿Cómo maneja nuestros juicios o nuestras fantasías sobre lo que los demás piensan? El cuerpo hace todo lo posible para estar sano, sin la complicada tarea de hacer que el mundo virtual nos parezca real.

Nosotros no somos la suma de lo que sabemos y nuestros juicios tampoco nos definen. A decir verdad, hoy puede ser el día de nuestro último juicio. El día en que decidamos amar generosamente sin esperar nada a cambio.

Seguramente ya han sentido esta clase de amor, tal vez hacia su pareja, un niño o un animal. Hoy pueden sentir este amor incondicional por ustedes, por toda la humanidad. Hoy puede ser el día en que abandonen todas sus excusas y se entreguen a la poderosa realidad del amor.

Averigüen si pueden compaginar su forma de amar con la del resto de la humanidad. Es importante. Acepten la forma en que su pareja y los suyos aman. En lugar de criticarles, sean un ejemplo para ellos. Pueden ser la personificación de algo que la mayoría de gente ni se puede imaginar: el amor incondicional.

Estamos recibiendo amor constantemente. El amor no nos pide nada. Ni nos impone ninguna opinión. Sientan el amor que fluye por ustedes ahora. Sientan cómo sale de ustedes a raudales y vuelve como ondas de luz hacia la fuente. La cualidad de esta luz puede hacer mucho para beneficiar su sueño y el del planeta. Dejen que apoye su mente y dirija su poder para calmar y reconfortar sus cuerpos.

Ahora que estoy hablando de reconfortar a sus cuerpos, escríbanles una carta de amor. Les sorprenderá ver hasta qué punto cambia su perspectiva de él. Si lo prefieren, graben en su lugar unas palabras de amor. Y escúchenlas a menudo en cualquier momento que les apetezca. Sean efusivos en sus expresiones de amor. Y después díganle: «Te escucharé más y mejor. No seré esclavo de mis opiniones ni de la imagen que tengo de mí. Seré menos egoísta y más generoso. Seré más agradecido contigo y te apreciaré más cada día».

Hagan saber a su cuerpo que lo quieren, pero también escuchen su respuesta. Imaginen que les responde. Podría decir algo como: «En realidad, podrías ser un poco más paciente», o «Me encantaría que me animaras más a menudo y que no fueras tan desaprobador». O «Me gustaría que nos riéramos más». El cuerpo se merece oír palabras de elogio y afecto al igual que un niño o una mascota fiel. Se merece que nos preocupemos por él y lo respetemos. ¿No es lo mínimo que podemos hacer por nuestro cuerpo?

La mente está al servicio del cuerpo en lugar de ser al revés. Ofrezcámosle al cuerpo humano la atención que se merece y luego prestemos atención a otros seres humanos. La más pequeña expresión de amor puede cambiar el mundo para alguien. Un simple gesto de respeto puede abrir puertas y tender puentes entre la gente.

Todos somos amor, la fuerza pura y creativa de la vida. Somos la fuerza que puede intervenir en nuestros pensamientos y silenciar el ruido que generan. Podemos reducir la cantidad de historias que nos contamos a lo largo del día. Incluso podemos dejar de pensar y adquirir este nuevo hábito. Podemos resistirnos al impulso de quejarnos y comunicar en su lugar nuestros deseos con claridad. Podemos dejar de subestimar nuestro verdadero valor como personas.

Ahora están preparados para amar con valentía y sinceridad. Saben comunicar amor en sus palabras y acciones. Han dejado atrás sus antiguos hábitos y han trascendido muchas formas rígidas de pensar. Olviden ahora sus expectativas y disfruten del sueño de la humanidad. Diviértanse con él y dejen que el sentido común les ayude a superar los retos que les esperan.

Con este espíritu, me despediré de ustedes con otro breve relato. Es una sensata narración de la historia de la creación. Carece de dramas, pero sus implicaciones son impresionantes:

Al principio no había nada que ver ni nadie para verlo. La materia aún no se había creado. La energía estaba inactiva... esperando.

De pronto, la energía se activó. Se convirtió en la fuerza de una creación infinita. La energía creó luz y de las partículas luminosas brotó la vida. Se formaron mundos enteros, mundos llenos de seres de toda índole.

Cada ser percibía la vida y era percibido por esta. Cada uno era el reflejo del poder infinito de su creador. Cada uno era el reflejo del amor.

El universo es un paraíso. Está hecho de amor. Crea por medio del amor. La maravilla del amor se refleja en todas partes. Cada uno de ustedes es uno de los innumerables reflejos, cada uno de los cuales busca lo que refleja. Consideren la historia anterior del espejo roto en innumerables pedazos, pero desde otro punto de vista.

Imaginen que son Eros, viéndose como un pedazo de ese espejo. Imaginen que advierten sus propios engaños. Este descubrimiento les inspira a ser un reflejo más nítido y luminoso de la verdad. A medida que su conciencia evoluciona, Eros se atreve a apartarse del espejo. Al hacerlo, descubre una verdad asombrosa sobre sí mismo. Ya no es simplemente un reflejo: al final ha regresado a la luz, al amor.

Ustedes ya han cambiado el rostro de Eros. Al redimir al amor están en camino de redimirse. Han abandonado sus historias. Están deseando que el programa de la mente se una con el programa original de la vida.

Tal vez ya estén empezando a apartarse del espejo. Ahora están preparados para dar sus primeros pasos hacia otro milenio de conciencia humana. Les animo a hacerlo sin vacilar. Ahora están enamorados… y no tienen por qué dudar.

Fin de la clase

Ecosistema digital

Floqq

Complementa tu lectura con un curso o webinar y sigue aprendiendo.
Floqq.com

Amabook

Accede a la compra de todas nuestras novedades en diferentes formatos: papel, digital, audiolibro y/o suscripción.
www.amabook.com

Redes sociales

Sigue toda nuestra actividad. Facebook, Twitter, YouTube, Instagram.